不惑

求解中国民企长青之道

秦朔朋友圈／出品
屠波／执笔

中信出版集团｜北京

图书在版编目（CIP）数据

不惑：求解中国民企长青之道 / 屠波执笔 .
北京 : 中信出版社 , 2024. 10. -- ISBN 978-7-5217
-6869-5
Ⅰ . F279.245
中国国家版本馆 CIP 数据核字第 2024PF1131 号

不惑——求解中国民企长青之道
执笔： 屠波
出版发行：中信出版集团股份有限公司
（北京市朝阳区东三环北路 27 号嘉铭中心　邮编　100020）
承印者： 北京通州皇家印刷厂

开本：787mm×1092mm 1/16　　印张：14.25
插页：10　　　　　　　　　　　字数：158 千字
版次：2024 年 10 月第 1 版　　　印次：2024 年 10 月第 1 次印刷
书号：ISBN 978-7-5217-6869-5
定价：68.00 元

版权所有·侵权必究
如有印刷、装订问题，本公司负责调换。
服务热线：400-600-8099
投稿邮箱：author@citicpub.com

目录

序言

平实的记录，深刻的道理
钱颖一 / III

正念恒久
（1984—1997）

01

风起　一九八四 / 002
守质　穿越治乱 / 015
集结　燎原之火 / 024
蝶变　取舍之间 / 035
秦朔对话南存辉 / 042

02

正道弥新
（1998—2010）

磨"链" 加减之道 / 050
追光 向阳初生 / 063
较量 进退有度 / 077
征途 重新出发 / 093
秦朔对话南存辉 / 107

03

正和共生
（2011—2024）

"碳"索 光的价值 / 118
心力 不止"质"造 / 150
破局 拨云见日 / 170
造钟 领象起舞 / 192
秦朔对话南存辉 / 206

序言

平实的记录，深刻的道理

钱颖一

清华大学文科资深教授、经济管理学院教授

1984年，注定是不平凡的一年。

这一年，中国经济改革大力度地从农村推向城市。这一年，中国改革开放后最早的民营企业开始成批涌现。这一年，浙江温州诞生了一家"股份合作（集体）制"企业——乐清县求精开关厂，它是正泰集团的前身。这一年，正泰创始人南存辉年仅21岁。

2024年，四十年之后，正泰四十岁。今天的正泰，已经是一家年收入超过1500亿元、国际化的、中国民营企业500强企业。这本书是正泰集团在创立四十周年之际的一个阶段性总结。正泰进入了"不惑"之年，南存辉说："到了这个年龄，不是不会被迷惑，而是不要被迷惑。"这是他对"不惑"的解读。

事实上，2024年是不少中国民营企业的四十岁。北京中关村有一批民营企业，包括联想，都是在1984年起步的，前不久我就参加了中关村四通集团的四十周年活动。2024年也是不少国内高校经济学院和管理学院的四十岁，我所任教的清华大学经济管理学院也是在1984年成立的。原因很简单，这是时代的结果。1984年10月，中共十二届三中全会通过《中共中央关于经济体制改革的决定》，使得1984年成为中国经济改革历程中一个极为重要的时代节点。一个企业的命运，一定是同国家的命运紧密相连的。正如书中所说，没有成功的企业，只有时代的企业。南存辉拥抱了这个时代，见证了这个时代，也在这个时代成就了最好的自己。

仅仅四十年，正泰就从一个温州小企业，发展成为一家国际化的智慧能源系统解决方案提供商，在智能电气、绿色能源两大产业中形成了专业化、集群化、高质量和创新驱动的能力。正泰以及众多民营企业的发展，说明了一个基本的经济发展逻辑：新生的民营小企业是发展中国家经济增长的动力。中国经济的活力，就是来源于千千万万草根创业者，生生不息，前赴后继。即使在发达国家，中小企业也是创新和创造就业的主要力量。

《不惑》这本书写正泰从中国走向世界的四十年奋斗历程，写企业家的创业经历。我从中看到了中国企业家精神的一个缩影，看到了中国经济改革开放的一个侧面。这本书是一个平实的记录，却有着深刻的道理，这些道理是诠释企业家精神的一个入口。我从中获得三个感悟。

第一，正泰创业于温州，是制造业中的一个中国原生态民营企业，也是发端于温州的"四千精神"的一个突出代表。"走遍千山万水、说尽千言万语、想尽千方百计、吃尽千辛万苦"，这种四千精神就是改革开放之初在中国，尤其是在温州企业家精神的具体体现。

中国以市场为导向的经济改革，在初期需要突破计划经济的僵化模式。在农村的家庭联产承包责任制之后，早期城镇经济改革的突破集中反映在"深圳模式"和"温州模式"。不同的是，"深圳模式"是上层推动的结果，而"温州模式"则是底层自发形成的。"温州模式"是民营企业家在计划经济的大环境中，靠着"四千精神"闯出来的一条企业发展道路。正泰是"温州模式"的一个代表。

正泰的"四千精神"，不仅体现在吃苦和拼搏，而且有长期主义的追求，所以正泰比其他很多企业走得更远。早期在温州，有一些企业看到低压电器市场的好机会，就急功近利，把关键零部件"银触头"换成成本更低的铁片，把胶木用沥青混合煤灰代替，甚至假冒上海、杭州的知名牌子。但是正泰选择了苦练内功、严把质量关这条路。为了提高质量，南存辉三顾茅庐，到上海礼聘退休的老工程师出山，到自己在温州的小厂指导生产。在创业之初，南存辉就把质量、口碑、品牌这些价值放在了首位，奠定了正泰的长青之道。

第二，企业家精神不仅体现在"四千精神"，更体现在企业家对市场的"敬畏之心"。在书中,南存辉说:"对市场要有敬畏感,要经得起诱惑,耐得住寂寞。""做任何决策,归根到底还是要更加注重市场逻辑,要实事求是,要敬畏规则,要保持平常心。"这些平实的话,是企业家的心里话。敬畏市场,敬畏规则,按照市场逻辑办企业,这就是企业家的"平常心"。

中国从计划经济向市场经济转型,过程漫长。不仅计划经济体制还有留痕,更重要的是计划经济思维仍然在很多人的心中延续。"有计划、按比例"听上去是多么科学,而市场的"分散、无序"自然意味着混乱。在很大程度上,对市场没有敬畏之心有着很深的认知基础。但是,草根企业家则不同。他们没有特殊的权力,没有优越的资源,甚至没有学过太多的知识。但是他们必须在市场竞争中拼搏,他们对市场的敬畏是内在的。他们懂得,企业的生存和繁荣,取决于市场的逻辑,按照市场规律办企业,企业才能生存,才能繁荣。违背市场规律,就要被市场惩罚。

在进行数字化转型过程中,正泰聘请了IBM的咨询专家。专家们发现了在流程再造中的问题,并提出了改进举措和推进时间表,但是正泰各部门的负责人更多是在关注冲刺业绩,而非数字化转型。南存辉对他们说:"这个要求不是IBM的老师提的,也不是董事长提的,是市场提的。四十年前正泰创立的时候,温州流行一句话:不找市长找市场。正是因为尊重市场、敬畏市场,正泰才能走到今天。如果没有市场之路,我们很可能就会迷路。"不走市场之路就会迷路,就是对市场的敬畏,正是这种认知基础成就了正泰。

第三,企业家把市场经济环境当作给定的条件,而经济学家则把市场经济看作一个内生的制度，这个制度是人建立的，需要人去完善。大量研究发现，市场经济比计划经济好，但是市场经济并不都能搞好，市场经济中也有好有坏。其中是有规律可循的，那就是好的市场经济都是基于法治的市场经济，即法治经济。

法治为什么成就好的市场经济？因为法治通过保障人权、界定产权来保护个人权利，约束政府权力。这就从根本上使得市场主体能够建立起稳定的预期。在法治下，法无禁止皆可为。所以法治是给企业家最好的定心丸。同时，法治也约束所有经济人，包括企业家，要求他们都要遵守规则，履行契约。在法治下，政府要发挥保护产权、执行合同、执行法律、维护公平竞争、当好裁判的作用。在法治下，企业和政府是"双赢"。反过来，如果没有法治，产权不能得到保护，人身安全没有保障，企业家对经济前景不确定，就没有信心，企业就不可能搞好。没有法治，企业和政府是"双输"。

在这本书的结尾，秦朔问南存辉对将来的期望，他回答说："现在最担心的，是传承。"这也是这一代民营企业家的普遍心态。而我期望未来的正泰会做得更好。中国经济的潜力是巨大的，中国企业家的创造能力也是巨大的。不过，只有在法治经济中，企业家精神才得以最大限度地彰显，企业家才能发挥出最大的创造力。

希望广大读者，从《不惑》中有所思，有所益。

2024年9月8日

01 正念 1984
恒久 —
     1997

风起　一九八四

　　2018年12月18日的北京，气温已经达到零摄氏度以下，不过和煦的阳光依然散发着暖意。四十年前的这一天，十一届三中全会拉开了波澜壮阔的改革开放大幕，唤醒了神州大地亿万人民想要过上好日子的淳朴愿望，奋斗脱贫、勤劳致富成为时代的主旋律，沉寂许久的创业热情，如同干涸的土壤被一场春雨浇灌，瞬间无数生机盎然的绿芽萌动。

　　此时的人民大会堂，让世界的聚光灯再次投向这里。正在进行的"庆祝改革开放40周年大会"奏响时代华章。一幕幕中华儿女的创业故事，记录着四十载春秋的跌宕起伏，也描绘出人类历史上兼具最大规模和最快速度的自我经济革新。

　　四十年间，中国的GDP（国内生产总值）由1978年的3679亿元增长到2017年的82.08万亿元，足足增长了222倍，中国跃升为世界第二大经济体。自2006年起，中国对世界经济增长的贡献率更是稳居榜首，成为世界经济增长的第一引擎。

矗立的丰碑，由无数人用汗水、泪水和血水浇筑而成。回望来时路，双手托着双手，脚印叠着脚印，头顶肩扛的他们，略显仓皇，却从未放弃，才闯出如今的康庄大道。他们的脸庞有些模糊，他们的身影却始终坚毅，迎着光。他们的剪影浓缩成100个闪耀着时代光辉的名字，是为"改革先锋"。

这份灿若星辰的名单上有科学家、经济学家、改革带头人、社会活动家、文化体育名人，当然还有企业家。其中有多位是民营企业家，比如数字经济的创新者马云、"互联网+"行动的探索者马化腾、民营企业家的优秀代表刘永好、民营汽车工业开放发展的优秀代表李书福、电子产业打开国际市场的开拓者李东生、海归创业报国推动科技创新的优秀代表李彦宏、乡镇企业改组上市的先行者何享健、温州民营经济的优秀代表南存辉、科技产业化的先行者柳传志、乡镇企业改革发展的先行者鲁冠球。

如果说诞生于新千年前后，借势信息革命浪潮而起的三家互联网企业是改革开放四十年的"后浪"，那么占更多数的企业和它们的掌舵人，则在潮起之时就已经跃身商海，湿尽了衫，呛够了水，历经潮起潮落，阅遍云卷云舒。他们是先涌之浪，奔腾如野马，咆哮如山虎，以自然蛮荒之力，冲开一道道河床，奔流到海，依旧傲立潮头。

风起于青蘋之末，浪成于微澜之间。1980年的12月11日，温州鼓楼工商所发出全国第一张个体工商业营业执照，工商证字"第 10101 号",领证人是 19 岁的章华妹。此时,远在广东顺德的何享健刚刚进入家电行业,开始生产台式电风扇,并在商标征集活动中相中了"美的"这个名字。浙北萧山经营过铁匠铺的鲁冠球,在前一年把"宁围公社农机修配厂"改为"萧山万向节厂",开始集中精力制造汽车万向节。

也是在这时候,身处西南的刘永好兄弟四人动手造出了一台音箱,取名"新异"牌,但他们想联合办厂的想法却在公社碰了壁。在浙江台州,李书福的照相馆还没有开业,"造汽车"更是遥不可及的梦想。柳传志在北京的中国科学院计算技术研究所安心地当着助理研究员。仍在华南理工大学就读的李东生还没毕业,两年后才会加入 TCL 的前身——一家叫 TTK 的合资公司。

距离章华妹不远的温州乐清,一个叫南存辉的 17 岁少年,已度过了三年多的修鞋匠生涯,又试着在柳市租下半个铺面的柜台,开始和朋友合伙卖电器。

------※·●·※------

老家在乐清市柳市镇的南存辉,生于 1963 年,自幼就过得十分艰苦。家里没有钱修房子,就用茅草盖屋顶,用毛竹做大梁,用贝壳烧的蛎灰铺地面,住房非常简陋。每年夏天,是最为难熬的日子。由于台风经常光顾温州,狂风席卷着暴雨,冲击着羸弱的小屋,侵入每道缝隙,暴风骤雨之下,经常是"外面下大雨,里面下小雨",没有一片容身之处。

吃就更不用说，平时能吃到酱油拌米饭，已经算是不错的伙食。可家里的粮食根本不够，迫于生计的父亲就到山里走商，靠修鞋手艺赚点钱贴补家用。更多时候则是靠"借粮食"度日，今年先借别人家2000斤番薯，第二年再还别人200斤稻谷，吃番薯能填饱肚子，把日子撑得久一点。

尚在童年的南存辉也必须学着干活帮衬家里。那时候，家里的鸡笼就放在他床下，每天早上三五点钟，天还没亮，鸡就开始打鸣。被"半夜鸡叫"吵醒的南存辉就起床去叉树枝、捡树叶，忙活一两个小时，背回来后再去上学。

艰难和困苦，并没有阻挡南存辉的好学上进，品学兼优的他，从小学到初中，一直是班主席。那时的他，有个理想，就是好好读书，毕业之后到国营工厂当一名工人。

初中毕业那年，父亲的腿被水泵砸伤，没法再下地干活，南存辉的理想也随之被残酷的现实击碎。父亲在生产队干活赚的工分，是家里主要的收入来源。没有收入，生存和升学之间，赫然就生出一道鸿沟。南存辉无奈地接受了辍学的命运，挑起修鞋担，开始跟着父亲修鞋。那一年，他只有13岁。

如当时大多数乡镇一样，柳市镇最热闹繁华的街道只有一条，是摆摊叫卖最集中的地方，也是人们上学上班的必经之路。一开始，南存辉跟着父亲出摊，在人来人往的大街上，时不时会遇到以前的同学、曾经的邻居，他刻意回避他们的目光，生活的窘迫让他不得不低下头，去勉力维护仅有的自尊。父亲一直在为家庭的温饱而奋斗，他看出了南存辉的心事，轻声鼓励道："劳动光荣，靠自己的双手致富，吃得香，睡得稳，不用难为情。"他一边说，一边修鞋，手里的活始终没停。

看着父亲因伤而略显蹒跚的背影，年幼的南存辉觉得自己应该撑起这个家。他挑起了只比自己矮小半个头的修鞋担，不再畏惧熟人，坦然当起了街上的"小修鞋匠"。

当时的柳市街头有五六个修鞋摊，收费标准是按破洞收费，一个破洞根据不同大小，收费几分至几毛不等。南存辉的手很灵巧，修得又快又好，每次顾客问他"多少钱"，他都笑盈盈地露出酒窝回答："看着给。"一来二去，不少回头客都愿意照顾"小修鞋匠"的生意，南存辉很快成了那条街上的"修鞋状元"。有时候客人实在太多，鞋又要得急，他白天修不完，就把鞋担挑回家，晚上接着修。忙的时候，南存辉往往是两三点钟修完鞋，天还没亮又被鸡叫醒。

有一年冬天修鞋，寒风吹得双手有些僵硬，南存辉一不小心将带钩的鞋钻扎进了手指，锋利的钻尖深深地扎了进去，血流不止。听闻惊叫的父亲赶忙过来，"狠心"地将鞋钻拔了出来，包扎好伤口止住血。疼痛不已的南存辉，清点了一下还未修好的鞋，稍稍缓了缓，又坐在鞋摊前修补起来。至今，他手上那个伤疤依然可见。

没多久，靠着诚信和口碑，南存辉每天修鞋就能赚七八元钱，每个月收入200元，可以养活一家人。那个年代毕业的大学生被分配到地方国营单位工作，每月工资也不过三五十元。但南存辉并不满足，他心中依旧有梦想。

很快，南存辉发现大街两边开始有明显的变化。不少人开始造楼，有三四层的，也有五六层的。这让他好奇，究竟是什么生意能赚这么多钱。恰好，这些人也经常来南存辉这里修鞋修包，他就和他们闲聊拉家常，打听之后才知道，原来他们是跑供销的。

兴致勃勃的南存辉放下修鞋活，跟着老乡尝试去跑供销，第一次是去河北邯郸。没有跑供销经验的他马不停蹄，从一个会场跑到另一个，完全陌生的环境，完全陌生的人，生意上几乎一无所获。一身疲惫的南存辉回来后，发觉自己似乎不是跑供销的料。

不过此行也不是毫无收获的，回来后的南存辉对市场敏锐了不少。他发现柳市街头冒出许多经营低压电器的店铺，大大小小的，一边做装配，一边把产品销往外地。看着"前店后厂"的低压电器店，再看看修鞋摊，南存辉觉得，机会来了。

——————◆·●·◆——————

在中国改革开放的史诗画卷中，1984年是具有里程碑意义的一年：这年元旦，中央发布1号文件，明确提出鼓励农民投资入股，兴办各种企业，同时国家保护投资者的合法权益。1月24日，改革开放的总设计师邓小平南下，视察深圳特区的经济发展，他登上罗湖区正在建设的国际商业大厦22层天台，俯瞰正在热火朝天建设中的新区。[①]

[①] 蒋永清，《邓小平过春节》，《学习时报》，2020年2月3日。

随后的 5 月，中央决定进一步开放上海、广州、天津、温州等 14 个沿海港口城市，与 4 个经济特区形成中国对外开放的前沿地带。一系列举措如同一股强劲的春风，吹散了政策摇摆的阴霾，改革开放的热度在神州大地急速升温。

在首都北京，在齐鲁大地，在珠江两岸，在瓯江之畔，纷纷涌现出一大批来自天南海北、怀揣梦想的先行者。那时候的他们，背景不同、学识不一、行业迥异，没有"指南针"，也没有"航标"，他们蹚着时代的激流，挽起裤腿，摸着石头过河，中国经济的一池春水由此激荡开来。那时的他们，还没有像今天的"创业者""企业家"之类统一的称谓，更多人把他们称为"弄潮儿"，而在多年以后，他们被冠以"企业家"之名，1984 年也成为中国现代企业元年。

作为 14 个开放的沿海港口城市之一的温州，地处浙东南，自然资源贫乏，加上窘迫的"七山二水一分田"地理格局，人均耕地只有半亩[①]，大约只有全国平均水平的 1/3。因为人多地少，温州在历史上一直有重商的传统，从唐代开始，这里就是东南沿海地区中手工业和商业比较发达的地方。特别是南宋以降，祖籍温州的儒学名家叶适在此讲学，以其为代表的"永嘉学派"主张事功主义，"重商惠工"的思想深深浸染了这片土地，也让这里的人们天然就具有超常的生意头脑。不仅温州当地如制鞋、制伞、棉纺、织布等传统手工业盛行，而且当地人很早就走出去，

---

① 1 亩 ≈ 666.67 平方米。——编者注

迁徙到中国其他地方经营买卖。

新中国成立后，由于温州属于海防前线，国家投资长期不足。到改革开放前夕，这里是全国国有经济比重最低的地方之一。1978年，其国有工业总产值只占全市工业总产值的35%，大大低于78%的全国平均水平。

当改革浪潮奔袭而至时，凭借着对商业异乎寻常的嗅觉和判断力，温州人早就先人一步，跃身商海开始"吃螃蟹"。他们拥有并善于利用自身最大的优势——早年间走到全国去"讨生活"的先辈所营建的家族宗亲网络：通过家族人脉网罗信息，用家乡方言交换情报，用踏遍全国的脚印寻觅商机，什么能赚钱就干什么，不少商品的全国集散地因此崛起。

"家庭小作坊，日用小商品，全国大市场"，足以证明温州人有经商的天赋。当时著名的商品市场就有桥头镇的纽扣市场、金乡镇的工艺品市场、萧江镇的塑料品市场、仙降镇的鞋子市场。位于乐清的柳市镇，则以电器市场闻名全国。

关于柳市低压电器产业的缘起，民间流传着两个版本。

1966年，毛泽东在"五七"指示中提出，农民在有条件的时候，由集体办小工厂。最开始，柳市农民做得最多的是小车床、割稻机和水泵。70年代初，柳市镇凰屿村的一名退伍军人与部队驻地附近的一家工矿企业签了一个电器触头的交易合同，找到柳市镇马仁桥村从事小五金制作的师傅，让其刻模具冲制加工成产品。

另有一说，是一个在铁道系统工作的柳市人回到家乡，带来了改变柳市历史的消息：受"文革"影响，工厂停工，铁路工人制服的"工"字铜纽扣非常紧缺，急需供货。

当地很快就把模具做了出来，压制出的纽扣也符合要求。由于当时的铜属于国家管制的生产资料，都要统购统销，民间拿不到正规指标，只能偷偷生产。之后，一大袋子铜纽扣开始跋山涉水，被"人肉"送往千里之外的交货地点——柳州铁路局。

刚进柳州，巡逻队就将"形迹可疑"的送货人擒获，扭送到了柳州起重机械厂保卫科。闻讯赶到的机械厂设备科科长了解完情况后，又看了看铜纽扣的工艺，拿出一个电器补偿器，询问眼前操着乐清口音的外乡人："这个能不能做？"为了能尽早脱身，送货的农民满口答应下来。

就这样，柳市最早的补偿器生产了出来，当初的农民也赚到了第一桶金。消息不胫而走，周围村子纷纷请他去传授技艺，从此一传十，十传百，十里八乡的农民都开始实践这种"创富秘籍"。

一个无心插柳的补偿器，就像在柴火堆里投进一枚火种，瞬间点燃了"要过好日子"的熊熊烈火。更多的农民放下锄头，拿起榔头，在叮叮当当的敲打声中，各种家庭电器作坊一夜之间如雨后春笋般冒了出来。多年后，这个方圆不过10多平方公里的小镇，便奇迹般地成为享誉全国的"中国电器之都"，也成为日后"温州模式"的主要发祥地之一。

为了投身创业的洪流，南存辉说服父亲，白天坚持照常修鞋，在空闲时间和另外三个朋友一起摆电器柜台，自学低压开关的拆装。就这样忙活了一个月,到月底结算的时候,发现总共赚了35元。有两个朋友觉得赚得太少,平均每个人10元都分不到,就退出不干了。南存辉倒是挺满足,就和另一个朋友坚持了下来。

南存辉用第一年摆柜台赚的钱,去租门面。钱不够,就先租了半间,之后才租了一个完整的店面。因为修鞋时积累的好口碑,镇上很多人都觉得这个小伙子做人办事诚信可靠,和他做生意愿意先给零件,等卖出去再收钱。这样一来,南存辉的生意顺利了不少。到了第三年,他又换了间更大的店面,逐渐忙碌的生意,让他彻底告别了修鞋,改行做起了电器生意。

就在南存辉满怀信心,准备大干一场的时候,全国性的声势浩大的"严厉打击经济领域犯罪活动"开始了。1982年的温州,一改往日的商贾繁荣,取而代之的是轰轰烈烈的"姓资姓社大讨论",同仇敌忾"割资本主义尾巴"。当时最早一批尝到市场经济甜头的人,如"八大王",本就存在诸多争议,遂成了严厉打击的重点对象,除一人逃走,其他均被抓捕,罪名是投机倒把,扰乱市场秩序。仍在经营小店面的南存辉幸运地躲过了这次风潮,不过店是开不下去了,热闹的柳市顿时陷入一片萧瑟。

"倒春寒"横扫了刚冒尖的绿芽,也对经济产生了近乎毁灭性的打击。这一年,柳市镇的工业产值同比腰斩,降幅达到了53.8%,温州经济的增速从1980年的31.5%锐减至–17%!

时任温州市委书记袁芳烈是省里派来负责治理整顿的,"八大王"就是他抓的。后来他到平阳调研,看到农村生产队养的牛,有些牛又壮又肥,有些牛却骨瘦如柴,就询问生产队长是怎么回事。生产队长支支吾吾，问书记想听真话还是假话，袁芳烈急了，说当然要听真话。

队长这才吐露实情，那些又肥又壮的牛都是社员自家养的。以前生产队集体养牛的时候，赶上过冬，牛又冷又饿，也没人会管。一开春发现牛都病得下不了地，根本没法开展春耕。农村种田不春耕，那可是要闹灾荒的，会出大事。因为吃过这种苦头，后来大家就商量把牛分到社员家里养，在那里牛就是命根子，过冬时比小孩子都养得金贵。到第二年春耕时一看，牛膘肥体壮。

袁芳烈听后，恍然大悟，意识到"八大王"可能抓错了。1984年，温州市委、市政府召开全市大会，袁芳烈亲自给"八大王"平反，自己抓的人自己放。事后，他还专门就"割资本主义尾巴"一事向省委打报告：不能割，割不得。

面对"八大王"的平反，不少洗脚上田、刚刚开始经营小买卖的农民依然心存忐忑，对未来充满了迷惘，有的选择退出，有的选择观望，有的则仍在寻找机会。刚刚20岁出头的南存辉，也踌躇地站在了发展的十字路口。

当时，乐清等地政府思想解放，想方设法重振地方经济，变办厂审批制为工商登记注册制，几个人合伙出资就可以登记注册企业。1984年7月，乐清县求精开关厂应运而生，营业执照上的企业性质为"股份合作（集体）制"。和当地众多的工厂一样，此时的求精开关厂无资金、无设备、无技术、无厂房，是典型的"四无"工厂，以跑供销、订合同为主，当地戏称"皮包工厂"。

后来，时任全国政协主席李瑞环到温州考察，听南存辉汇报企业性质是"股份合作，后面还有个括号，写着'集体'二字"后，大笑道："不要担心，股份合作就股份合作，不用'括号集体'，戴顶集体的帽子。不戴帽子，光着头不是更凉快吗？"[①]

受到领导和政府政策鼓励，小镇又开始喧闹起来。满大街的供销员和摆摊的、开店的、刻模具的、做零部件的、卖原材料的、搞印刷包装的、搞托运服务的等等，形成了社会化大生产、专业化大分工。乡镇企业、村办企业、个体户如雨后春笋，柳市出现了工厂林立、村村户户榔头敲得叮当响的生动画面。

柳市低压电器在全国的热销，与1984年9月"莫干山会议"上首次提出的"价格双轨制"密不可分。中国经济体制从计划经济向市场经济过渡时的这项独特制度安排，在保持计划内国有企业价格的同时，也放松了对计划外的价格的管制。简而言之就是，同种产品，两套"价格"。所以在物资短缺的年代，柳市电器凭借市场化的价格优势，加上奔走全国的"十万供销大军"，很快填补了国有电器生产基地覆盖不到的广大空白市场，尤其是较为偏远的地方。

邓小平在一次会见外宾时，谈起各地蓬勃发展的经济，特别提到方兴未艾的乡镇企业，言语中充满了欣慰："农村改革中，我们完全没有预料到的最大的收获，就是乡镇企业发展起来了，突然冒出搞各种行业，搞商品经济，搞各种小型企业，异军突

---

① 李春晖，《南存辉：不敢为天下先 在两难中求定见》，《中国企业家》，2014年第9期。

起。……乡镇企业每年都是百分之二十几的增长率，持续了几年，一直到现在还是这样。"①

社会学家费孝通先生在调研了温州柳市、虹桥等四县五镇的几个专业市场后，深受触动。他在随后发表的"温州行"系列文章中总结道，"温州模式"的重要意义不在于发展了家庭工业，而在于激活了一个民间自发、遍及全国的小商品大市场，直接在生产者和消费者之间建立起流通网络。温州和温州人的知名度迅速打开，"温州模式"得到了广泛关注。从那以后，"走遍千山万水、说尽千言万语、想尽千方百计、吃尽千辛万苦"的"四千精神"，成为代表"温州模式"的精神丰碑。

一首名为《小草》的流行歌曲，通过1985年的央视春节联欢晚会在大江南北传唱开来：

没有花香，没有树高

我是一棵无人知道的小草

从不寂寞，从不烦恼

你看我的伙伴遍及天涯海角

春风啊春风，你把我吹绿

阳光啊阳光，你把我照耀

河流啊山川，你哺育了我

大地啊母亲，你把我紧紧拥抱

---

① 邓小平，《邓小平文选》（第三卷），人民出版社，1993年，第238页。

这就像那个时代草根创业者的内心独白：像小草一样普通，像小草一样乐观，像小草一样坚韧。

南存辉觉得，春天来了。

守质　穿越治乱

20世纪80年代的浙江，还没有形成"浙商"的概念，但改革风潮下最早的一批"厂长"，已经崭露头角。1985年1月，由浙江省企业管理协会、浙江省厂长（经理）工作研究会、浙江人民广播电台举办的"万人赞"厂长（经理）评选活动结果揭晓：位居前三位的是海盐衬衫总厂厂长步鑫生、杭州第二中药厂厂长冯根生和杭州万向节厂厂长鲁冠球，他们分别来自城镇集体企业、国有企业和乡镇企业。

有超过5.4万张票投给了步鑫生，获得超过1万张票的厂长有15位，他们之中没有一位来自温州——当时因"假冒伪劣"而声名狼藉的地方。

80年代末、90年代初担任浙江省副省长的柴松岳曾亲身体验过假冒伪劣商品带来的尴尬。一次，他到温州苍南视察，看到当地销售的皮带价格非常便宜，看着像是真皮，就买了一条系上。后来，到北京出差时，宾馆房间有点凉，柴松岳打了一个喷嚏，皮带一下子就崩断了。拉出来一看才发现，所谓的真皮，其实里面是一层马粪纸，外面用破布包着，再用胶水粘住，最后用塑料压出真皮的纹理，不细看真的很难分辨。皮带没法用了，窘迫无比的柴松岳不得不用宾馆阳台上的塑料晒衣绳代替。

鞋只能穿一个星期，皮带只能系一个月，温州的假冒伪劣产品泛滥成灾，造成了非常恶劣的社会影响。一时间，"温州制造"成了"过街老鼠"，人人喊打。当时朱镕基副总理专门过问此事，特别强调："浙江温州的假冒伪劣产品太厉害了！一定要想办法禁止。"[1]

在"温州制造"备受非议的质量与声誉波动期，南存辉却一直恪守着底线，他最操心的始终是产品质量。

80年代后半段的柳市，春意盎然，一派生机。

这是一个掘金的年代，作为基础电器零部件的低压电器，应用面广，需求量大；这是一个草莽的年代，技术标准和工艺规范还很缺乏，甚至连最基本的用材要求都没有。

不管怎样，野蛮生长的柳市一派繁荣景象：成千上万的小作坊正铆足干劲承接来自全国各地的订单，走南闯北的"十万供销大军"源源不断地将产品销往各行各业，这些低压电器设备又大批量地投入轰轰烈烈的城市化建设。

缝隙会透进来光，自然也会钻进来尘。有些人看到了钻空子牟利的机会，想方设法地偷工减料：把产品里的关键零部件银触头换成铁片，用沥青混合煤灰代替胶木，成本更低，利润自然更高。还有一些无证小作坊，为了打开销路，会假冒上海、杭州

---

[1] 柴燕菲，《浙江改革开放40年口述历史》，浙江科学技术出版社，2018年。

知名国有企业的牌子。

上至《人民日报》，下到地方媒体，都多次曝光过这些假冒伪劣商品。在国家和部委的要求下，当地政府多次整顿市场秩序，打假也成为常态，三个月一次大行动，一个月一次小打击。但"精明"的柳市人习惯了这种"猫捉老鼠"的游戏，行动来了就关门，行动结束再开张，在夹缝中继续赚钱。

1986年4月5日，国务院发布了《工业产品质量责任条例》，明确工业产品要依法取得许可证才能生产。机械工业部负责落实低压电器产品许可证颁发制度实施工作。乐清政府迅速成立工作组，举办培训班。

从摆摊修鞋到经营小柜台，八年多风风雨雨、起起伏伏的社会历练，让南存辉悟出了极其简单的生意信条：有品质才有口碑，有口碑才能有回头客，有回头客才能长久地赚钱，经营长久的生意！特别是若能取得国家颁发的生产许可证，能够依法经营，才能安心做生意，谋得长远发展。于是，南存辉和同学胡成中合伙经营的乐清县求精开关厂成为第一批报名领证的企业之一，选择了在当时条件下最难做的热继电器产品。

在浮躁弥漫、唯利是图的大环境下，坚持理想主义的往往是少数派。理想值得被尊重，但光靠理想并不能解决现实中的问题。抛开社会风气和行业竞争的压力，摆在求精开关厂面前最大

的困难是缺钱又无技术。

没有技艺精湛、老到懂行的技术人员，谈何生产出合格的产品，更别说精益求精了。

找人，找专业的人，成了南存辉他们最紧迫的任务。

既然温州没有，就把眼光放得更远一点。当时的上海是制造业的高地，很多享誉全国、耳熟能详的品牌都来自上海，质量过硬和品牌牢靠是"上海牌"的代名词，能请到那里的专才加盟当然是上上之选。

当时的温州不通火车，不通飞机，要去上海，并非易事，要么坐长途汽车，要么坐海上轮船。选前者要经历坑坑洼洼的一路颠簸，选后者则要忍受晕船呕吐之苦。

既然选择了这条路，就要出发。南存辉他们从柳市辗转20多个小时，找到上海人民电器厂的退休老工程师家里，递上名片，自我介绍，邀请老工程师出山，到求精开关厂来指导生产。面对青涩的面孔、陌生的厂名，爱惜羽毛的老工程师们心存戒备，纷纷选择了婉拒。

南存辉他们并没有泄气，早就做好了"三顾茅庐"的准备。只是在现实生活中，对于无名没钱的他们来说，唯一可用的，就是以更接地气的方式来表达自己的诚意：主动帮忙做家务、赖在人家家里打地铺……相处久了，老工程师们逐渐被他们的执着感动，随着交流的深入，觉得他们应该是靠谱的人。

终极考验来自其中一位老工程师，他对南存辉发出了灵魂拷问："侬要'票子'，还是要'牌子'？"如果要票子就请回，如果要牌子，就得耐住性子，得持久投入。年轻的南存辉连一丝犹豫都没有，脱口而出："当然是要'牌子'了，有了'牌子'，自然就会赚到'票子'嘛！"

三位技术"老法师"终于被打动，放弃了在上海颐养天年的退休生活，答应"出山"，到柳市帮助那家名不见经传的小小开关厂。

就这样，求精开关厂迎来了厂史上第一批技术工程师：王中江、宋佩良、蒋基兴。他们没想到的是，几年以后，来自上海、天水等低压电器生产基地的技术人员，也会以"借脑袋"的方式来到乐清，提供技术改造支持。他们更没想到的是，当初只是一念之间的选择，日后居然亲身见证了一家全球化企业的诞生。

最初，摆在这些老工程师面前的是一家刚起步的"草台班子"工厂，每天都会遇到各种问题，每天都在解决各种问题。流水线上的工装设备、模具都不齐全，自行加工零配件非常不趁手，他们就自己琢磨着研究做出来。每批次热继电器出厂前必须经历8小时以上的检验，检测设备长期24小时三班倒，老工程师们毫无怨言。厂里唯一一条流水线的电动螺丝刀摆放位置不顺手，工人每次需要腾出手来操作，影响效率，那就改良装配动作，改用脚来控制电源，将螺丝刀的位置调整到更加趁手的面板上，效率立马提高50%。

"白天当老板，晚上睡地板"是南存辉他们创业初期的生动写照。他和员工一样，吃住几乎都在厂里。由于忙得无暇照顾家庭，他无奈决定，把当时虚岁才4岁的大儿子南君煜送到上海寄养。送别当日,在温州轮渡码头,南存辉哄儿子说:先和爷爷上船,爸爸去给你买"大猫"(老虎)。懵懂的儿子哪里知道,此时他爸爸不是要去买老虎,而是要对付"产品质量"这只"拦路虎"。

在老工程师们的带领下,求精开关厂的生产很快进入了正轨,产品质量也有了大幅度提升。可对技术品质的追求从来是一山还望一山高,永无止境。"求精之路"才刚刚开始。

———— •••• ————

缺钱,如何办厂?

没有厂房,南存辉他们用自家住房做厂房,购买原材料,兜里没钱,为了开工,负责生产的南存辉厚着脸皮挨个找零件工厂,看能不能"刷脸"赊账。好在有修鞋和摆柜台时积攒下来的好口碑,深陷困顿的他才能从供应商那里"借来"零件开始生产,好歹渡过了"开业即停业"的难关。"有借有还,再借不难"是中国民间最朴素的商业伦理。每次销售回款一到账,南存辉必然第一时间结清赊账,从不拖欠,日积月累下来,建立了信用口碑,生意也逐步做起来了。

领取热继电器生产许可证的必备条件之一是,工厂有产品试验室,生产出的产品要先通过试验室的验收。建试验室的钱可不是一笔小投入,几乎相当于当时整个公司的资产。在很多"赚聪明钱"的人眼里,这无疑是疯狂之举。

可南存辉没时间理会外人的不解，想尽办法筹措资金，最终靠向亲戚朋友借贷，凑足了这笔巨款。一年过后，温州地区第一个，也是全国民营企业中第一个热继电器试验室在求精开关厂挂牌，并通过了相关部门的验收，成为全国测试网点。建成试验室，求精开关厂的质检水平和产品可靠性有了极大提高，技术标准也逐渐成形，不仅在鱼龙混杂的市场上站稳了脚跟，在茫然无序的竞争中赢得了口碑，也为之后申领生产许可证打下了坚实基础。

在国家、省、市、县各级工业主管部门、专家的指导帮助下，求精开关厂在申请生产许可证上，经历了刻骨铭心的从帮扶培训到审核验收的过程。

其中的产品图纸是最关键的材料之一。当时由于没钱买图纸，他们几经辗转找到专家，自己动手拆解实物零部件，测量参数，用普通的工具画图，最后硬是一笔一笔地将图纸精确无误地画了出来。

图纸、工艺文件和管理制度的审核过程一波三折，从县到市，再到省厅和部委，每一层级的审核都细致入微，因为对规范和工艺的标准定义不同，会碰到同一个地方反复修改的情况，相关资料甚至都被改出了洞。一级级送审，犹如"过五关斩六将"，其中的波折让南存辉至今记忆犹新，他不无感慨地说："前前后后修改的图纸和资料都可以装一卡车了。"

1988年，求精开关厂终于获得了国家机械工业委员会首批颁发的"全国工业产品生产许可证"。那时候，只要供销员来厂里联络代销产品，为了证明产品质量经得起考验，南存辉都会特意随样品附赠一张相应的生产许可证照片。

——)·•·(——

　　高高举起的重锤，终将狠狠落下。

　　在全国多起安全事故中，低压电器质量问题接连曝光，造成了恶劣影响，柳市迎来了史上最严的整顿风暴。1990年6月，国务院办公厅印发29号文件，这是国务院办公厅历史上第一次专门为一个乡镇发文。随即，国家七部委以雷霆之势成立专案组，严肃治理柳市低压电器乱象。其实，此前柳市政府已经筹备建设了柳市电器城，准备借此规范商户经营，距开业仅有10天时，"大整顿"来了。

　　从北京来的整顿检查组，加上十几家中央新闻单位，一行50多人，带队的是国家技术监督局质量检查司的司长，口号是：关门，抓人。在征求浙江省政府意见时，当时浙江省分管经济工作的副省长柴松岳提出要区别对待，不能搞"一刀切"，老百姓要吃饭，不能一棍子打死。经过激烈讨论，最后确定了"打击、堵截、疏导、扶持"八字方针。面上打击无证非法生产的企业，在公路和水路设卡堵截假冒伪劣产品流向市场，对有意愿领证的企业进行疏导，对有证的企业开展扶持。

　　1990年6月28日上午，在国家整顿检查组的指挥下，300多名当地工商局、技术监督局的工作人员兵分三路，对柳市所有的铺面进行查封，光被贴上封条的就有近千家，关闭和取缔的无证企业逾千家,销毁的劣质产品超过200吨。

据当时率队清理的柳市工商分局局长胡万昌回忆,短短一个上午,柳市就已经面目全非,一片萧条凄凉景象。此时,已经取得许可证依法生产的求精开关厂,顺利搭上了政策扶持的顺风车。经历了淬炼的南存辉,每每提及此事,依然保持着谦逊:"假的打下去,真的扶上来。心存敬畏,才能知止而行;知止而行,才能行稳致远。"随着以南存辉等为代表的"守质"商家越来越多,置之死地而后生的柳市低压电器行业经营风气逐渐得到净化,实现了凤凰涅槃式的变革,终于走上了健康发展的"正道"。

后来,国家一级作家戈悟觉在《瞭望》周刊上发表了一篇题为《生命的质量》的报告文学,记录了与南存辉朝夕相处半个多月的观察与感悟。从敬畏产品质量到探寻生命质量,时光长河中的南存辉们,既为一个时代的结束进行了注解,又开启了一个新的时代。

翻开历史新篇章的,还有1990年秋天举办的北京亚运会。"冲出亚洲,走向世界"——热情的中国打开大门,迎接八方来客,也向全世界展示改革开放的活力面貌。

亚运会场馆和亚运村作为"主舞台",事关重大,不容有失。时任北京市副市长的张百发亲自负责,担任工程总指挥。老建筑工人出身的他,曾作为突击队长参加过人民大会堂的建设。该项目是为庆祝新中国十周年华诞的十大工程之首,当时首先要攻克的也是质量难题。

面对举国嘱托,张百发知道时间紧,任务重,要求高,他立下军令状：如果亚运会因场馆工程误期，他就从北京最高的京广中心51层跳下去。全力以赴之下，工程进展很快，张百发还是反复强调，干活要讲良心，工程质量是生命，坚决不能出现豆腐渣工程。

交付后，视察完亚运会场馆工程的邓小平，意味深长地说了一句话：看来中国的月亮也是圆的，比外国圆。[①]

时至今日，当年的北京亚运会场馆，坚固依旧，仍在使用。

集结　燎原之火

改革的车轮滚滚向前，就在南存辉他们凭借产品质量在柳市站稳脚跟之时，资本市场的大幕已经在中国徐徐拉开。1990年12月，上海证券交易所开业；1991年7月，深圳证券交易所开业。与前者主要面向国有股份制企业不同，作为改革开放桥头堡的深圳，对多元化的股份结构更加包容。而通过80年代中期开始的股份制试点，各地相继涌现出一批股份化、市场化的现代企业。

和求精开关厂同年创建的万科，便是其中之一。得益于较早完成股份制改造，万科于1991年1月29日成功登陆深圳证券交易所，股票代码000002，成为"深市老五股"之一。从股权改制到股票发行，显而易见，资本让企业经营如虎添翼，随后的

[①] 魏尧，《新中国第一场综合型国际运动赛事》，《学习时报》，2020年8月28日。

几年，"84派"企业家创立的代表企业海尔、联想先后登陆资本市场，进入发展快车道，跃升为时代翘楚。

虽然资本市场上的波澜壮阔距离此时的南存辉还很遥远，但资本结构、资本运营的意识已在他心中悄然萌芽。1991年，求精开关厂总产值突破1000万元，资产总额达到650万元，此时主要股东在战略思路、发展方向等方面意见难以统一，"分家"变得不可回避。经友好协商，求精开关厂分为一厂、二厂。

20世纪80年代初到90年代末，随着开放的大门越开越大，外商投资额每年以30%的惊人速度递增。在这二十年里，依托中国的人口红利和庞大市场，直接投资，建厂开店，是当时外资的主流选择。大众汽车、宝洁、肯德基、欧莱雅等耳熟能详的国际品牌就是在那个年代开始进入中国市场，以合资或者独资的方式开垦起这片充满无限想象的处女地。

伴随外资而来的，还有"狼来了"的惊呼。1987年，中外合资公司天津梅兰日兰成立，主营低压断路器。如何"与狼共舞"成为摆在中国本土企业面前的必答题。

吸引外资，引进技术，南存辉也想到了。

1991年，中美合资温州正泰电器有限公司成立。从此，柳市的企业从工厂制进入公司制经营发展的新阶段。南存辉将新公司取名为"正泰"，"正"即正道、正气，"泰"即安全、可靠。

据一位与正泰合作超过三十年的经销商回忆，当年像这样原创的文字组合商标很少。他在向客户介绍的时候，会用"稳如泰山"之类的形象、好理解的说法，让顾客相信正泰的产品质量是有保障的。与中文相比，正泰的英文商标"CHINT"则更显独特，其含义也是众说纷纭。南存辉后来亲述，还是喜欢"China's tomorrow"这个含义，寓意为"中国的未来"。

随着外资的入局，低压电器行业的竞争格局急剧变化，本土企业品牌弱、质量低的短板，使之在与跨国品牌的较量中力不从心。跨国公司控股或兼并国有老牌企业的情况时有发生，天津梅兰日兰就在成立五年后完全被外资控股。另一些行业企业的经营能力则无法适应严酷的市场竞争，业绩也连年滑坡。

东方风来满眼春。1992年初，邓小平在武汉、深圳、珠海、上海等地考察，发表了影响深远的"南方谈话"，用"三个有利于"澄清了经济领域存在的思想认识模糊，为民营经济发展创造了更加广阔的舞台。

1993年，在搬入新建的温州正泰电器办公大楼时，南存辉顺势喊出了"重塑温州电器新形象"的口号。这一年，正泰的工业总产值提升了3倍。

随着规模的扩大和创新发展的需要，正泰加快了人才引进和创新投入力度，力邀当时乐清工装模具界"三才子"林黎明、

郑友义、王仁远加盟正泰。林黎明出任公司副总，负责技术研发工作，组建技术研发和模具中心，建立产品试验室，组织开展一系列技术攻关，通过变革生产流程，改造技术工艺，为正泰的研发和技术进步奠定了体系基础。

由于国外客户订单多样化需求增加，单凭自身已经无法满足，正泰便开始琢磨兼并扩张之路，当时这也确实符合政府做大做强民营企业的导向。

就在研究制定规模扩张方案的时候，"军师"徐巧兴出现了。他曾是温州市经委企业管理处的干部，20世纪90年代初受上级指派到柳市参加过打击整顿低压电器市场的活动，对如何规范市场、提升管理有切身的体会和经验。此时恰逢国家鼓励干部下海经商，在南存辉的诚意邀请下，徐巧兴和曾经的同事庄其炎、蒋慈恩等陆续加盟正泰，"企划部"应运而生。不同于其他企业的企划部门专门做品牌形象，这是一个主要进行企业发展战略研究和规划的部门，可以说是正泰转型升级的指挥部。经过对市场的调研和对自身的梳理，企划部针对正泰快速扩张做大的命题，开出了"集团化"的药方，同时提出了"内重管理，外求联合"的战略方针。

早在求精开关厂时期，南存辉就针对质量问题制定过厂长岗位责任制，后来又细化了生产质量方面的规章制度，并在1991年推行全面质量管理（total quality control，TQC），由他本人亲自担任项目组组长。随着生产规模的扩大，以及客户对产品质量稳定性、一致性要求的提高，原有的体系和现代企业管理的要求之间出现了诸多不适应的地方。

有多年企业管理培训经验的徐巧兴对正泰的管理制度进行了大刀阔斧的修整和重建，着手对物资管理、库存管理、决策管理、仓管员责任考核、物流动态等一系列基础工作要求进行完善修订，完成了18种生产许可证的申领。其中最具标志性意义的事件，当数在正泰顾问、中国计量大学郑春林教授的组织推进下，正泰和老牌的上海人民电器厂一起，成为全国低压电器行业首批顺利通过ISO 9001国际质量管理体系标准认证的单位，正泰也是国内首家建立国际质量管理体系的乡镇企业。七八年前，南存辉他们北上从上海请来的三位老工程师，正是上海人民电器厂的老员工，如今正泰这个"小学徒"，终于迎头赶上了老师傅的步伐，与之站上了同一条起跑线。

为加强内部管理，正泰陆续聘请了周敬东、陈宣富、潘性莲、过润之、金霄兵、季九如、翁志明、郑元舟、施成法、王书成等退休干部和相关领域专家。

负责指导财务管理工作的周敬东、陈宣富，在推动正泰财务基础管理、建证建账、带动供方合作伙伴规范纳税等方面起到了引领性作用，为正泰依法经营、促进安全健康发展和日后顺利上市夯实了地基。

负责指导人力薪酬体系的潘性莲，通过人事制度改革，营造了引人、育人、留人、用人的融洽环境，组建了蓬勃向上的人才团队，让正泰走在了同行前列。

负责生产采购管理工作的副总吴炳池，得到了季九如等顾问的悉心指导，推动公司质量、生产、采购、成本、仓库等的基础管理和制度建设，有力支撑了市场的拓展。

随着一大批优秀管理人才的加入，正泰的财务、人力、法务、研发、制造等基础工作焕然一新。

对外联合的原生动力，则来自品牌内生影响力和市场外在选择权之间存在的空白：当时国际客户下了多种产品的订单给正泰，有些产品正泰并没有生产，而其他企业有同类型产品，客户却因为品牌原因，并不想从它们那里采购。这给"以品质促订单，以品牌换市场"创造了运作空间，成为触发正泰迈入集团化的契机，也符合当时政府引导企业探索以集团化方式实现集体化经营的方向。

要吸纳成员企业，并不容易，首要的是打破温州人"宁当鸡头，不做凤尾"的认知习惯。一开始，很多企业并不理解背后的缘由，生怕被正泰吞并掉，所以集团化战略一度陷入困顿。

为了打消企业主们的顾虑，显示公平公开，正泰制定了一个实用可行的办法，按照持股比例标准，将成员企业划分成四个类型，以便集合起来"抱团"发展：第一，集团公司是核心层，就是指正泰，百分之百控股；第二，正泰占股50%以上的企业，属于紧密层；第三，正泰持股在1%~50%的企业，都算是半紧密层；第四，供货方、销售方等只是以协议为纽带，不牵涉股权关系的，都属于松散层。在控股权问题上，实行自愿自主原则，就算签了协议，后悔的话也可以随时选择退出。

如今已经是正泰集团董事、正泰电气总裁的陈国良回忆，当时他在柳市创办了一家开关厂，对加入正泰集团既有兴趣又心存疑虑，一直犹豫不决。最后他通过信得过的中间人牵线，仔细看了合作协议，打消了思想顾虑，他的开关厂成为加入正泰集团的最早一批成员企业之一。随着申请加入集团的企业数量越来越多，各自在产品、资金、市场等方面的资源都得到了互补，竞争力得到了极大提高，经济效益如滚雪球般快速显现。只经过短短的一两年时间，正泰集团就成长为温州产品门类齐全的工业电器企业，到了1996年底，48家分公司和成员企业当年共创造产值12亿元，是四年前的40倍，总资产也达到4.62亿元，在规模和体量上算得上是名副其实的"大企业"。

这一时期，正泰率先进行自我变革，探索实施股份合作制，通过联合并购近40家企业组成了正泰集团，强化组织能力建设，形成了由南存辉、南存飞、朱信敏、林黎明、吴炳池、周敬东、过润之、徐志武、陈国良、高亦强、陈建克、王永才、陈成剑等组成的经营决策管理团队，构建了股东大会、董事会、监事会、管理层"三会一层"的现代企业治理架构。

正泰的发展规模大跨步上台阶，既源自质量好的口碑效应，也归功于体系化的经销网络。

一次，南存辉去美国市场考察学习，发现人家连建筑装修用品都开成了专业连锁店。深受启发的他想，正泰若能建立起自己的电器专业营销网络，意义价值将会十分巨大！

回国后，他与经营班子统一了思想认识，组成了三个市场营销网点建设工作组，奔赴全国选聘电器业务做得好的、有兴趣加盟正泰的代理商伙伴。

自己淋过雨，才懂得为别人撑伞。南存辉对待合作伙伴，一直秉持着"三分生意，七分仁义"的商业原则。从在街头修鞋开始，他就深信钱是赚不完的，只要能共赢，自己降低持股比例也没关系。事实证明，蛋糕做大后，即便股份少了，最终的收益还是会增多。

据当时负责销售、现任正泰集团总裁的朱信敏回忆，如果遇到经销商资金周转有困难，他们会灵活调整销售政策，主动让利，帮助经销商尽快渡过难关。几次合作下来，很多经销商不仅与正泰建立了紧密的生意伙伴关系，还共生出了超越生意的情感纽带。

求贤若渴的南存辉请来了在乐清财务战线工作多年的"老吴总"吴纪侠，支持当时分管销售的朱信敏规划建设全国营销网络。

他们在仔细研究市场状况后，认为全国经销网络不是一蹴而就的，需要扎实稳固的"点"作为支撑。他们从毛泽东的军事思想中找到了灵感：先在重点区域建立市场营销根据地，然后不断向周围延伸，扩大覆盖范围，最后形成网状经销体系。

整个布局过程，被他们形象地概括为五个阶段：摸情况、探虚实的"投石问路"阶段；边学边干、边干边学的"摸着石头过河"阶段；从省会城市到重点城市、中小城市建立特许经销模式的"天女散花"阶段；去芜存菁，对营销网点进行整合、治理，创新出3PA模式①的"大浪淘沙"阶段；在重点城市建立旗舰店，统一形象管理，树立品牌形象的"建立桥头堡"阶段。

运筹帷幄的"老吴总"专门为此制作了一张全国地图，每当一个城市建立起销售公司，就在地图上插一面小红旗，每建一个特约经销处，就插一面小绿旗。醒目的地图，每天都会引来同事的围观，他们会边看边问"老吴总"：今天插几面旗啦？

"十面！""三十面！""三十五面！"最多的一天插了五十多面。"老吴总"的回答总是那么振奋人心。随着地图上的旗帜越来越密，到1995年9月，正泰在全国设立的销售公司和特约经销处达到111个，品牌、产品、服务也随之辐射到全国各地。

可新的问题又来了。由于没经验，对于打进来订货的电话，无法区分哪些是客户，哪些是代理商，经常出现把代理的价格给了客户的情况。后来大家想了个"土办法"，电话打进来，如果说乐清话，就给代理价，如果说普通话，就给销售价。②但这也不是长久之计，南存辉觉得经销商对当地情况更熟悉，应该更多依靠他们，帮助他们解决实际问题，支持他们做大做深当地市

---

① 3PA模式是指直销、代理、服务三位一体的销售模式。
② 正泰经销商前期几乎是在外经商的乐清人。

场。经过一段时间的磨合，正泰逐渐和经销商建立了稳定的合作关系，也让全国铺开的营销网络在各地扎根。

带着家人在河南开封经商的黄星金，当时经营着一家电器门市部，代理销售各种品牌门类的低压电器。听闻正泰正在物色当地的合作伙伴，他比较之后果断加入，成为正泰的初代经销商之一。三十多年来，与正泰的发展同频共振，黄星金也早早将公司搬到郑州，业务版图已覆盖整个中原地区，如今的他已是当地电器圈内颇具分量的企业家。

提起与正泰的渊源，从父亲和弟弟手中接管电器代理生意的张建军，经历了从特约经销处到销售公司的过程。当被问及为什么选择与正泰合作时，他感触颇深地说到两个关键词，一是正规，二是感恩。前者自不必多言，正泰的规范经营和产品质量，那时已经获得政府的认可、市场的检验。

他特别提到了南存辉对经销商的重视和支持："他把经销商当亲人，经销商有困难的时候就会帮，我们内心是很感恩的。"有一年，张建军想请南存辉到他在读的MBA（工商管理硕士）班讲课，算是为自己背书。此时的南存辉在商界已经具备全国影响力，同时还担任全国人大代表、全国工商联常委等社会职务。当听到张建军的请求，他二话没说就答应了下来。

原定傍晚6点30分演讲，南存辉5点40分就提前抵达。两人在学校旁边的茶餐厅简单吃了个便餐，就上台了。演讲结束，南存辉还特意拉上张建军，把他介绍给想和正泰合作的商界人士。"南董真是给了我莫大的支持"，时至今日，张建军回忆起来，依旧充满感激之情。

通过朱信敏、南存飞、吴万雄、吴纪侠、陈国良、郭嵋俊等销售系统负责人持续的接力探索创新，正泰打造的全国性专业电器营销网络不仅构筑了经营的护城河，也成了增长的助推器。

20世纪八九十年代，随着各地政府加大对外招商引资力度，市场竞争也愈发激烈。与国际品牌同场竞技，成为本土企业的必修课，特别是在国家开放外资进入的行业和领域。那时，在"崇洋好外"的心态下，"洋品牌"本身就是市场上最好的"通行证"，更别提在资金和技术方面，国际巨头对本土企业基本呈碾压之势。

刚刚学会走路的本土企业面对"已经开上汽车"的国际巨头，直接硬碰硬显然是不行的，只能立足本土市场，在渠道竞争力上下苦功夫。在家电行业，由长虹首先挑起，康佳、海信、TCL等快速跟进的彩电价格战，就是典型的本土品牌与外资品牌的正面交锋。当时长虹的总经理倪润峰亲自挂帅，跑到经销商的柜台搞促销。结果是本土彩电品牌的份额由1996年之前的20%，在21世纪初飙升到接近80%，市场格局由此逆转。本土企业在赢得市场规模后，也争取到了技术升级的时间。

是役，"渠道为王"成为中国企业推崇备至的商业法则，也成为中国本土品牌在演进之路上的高光。

蝶变　取舍之间

欲戴王冠，必承其重。松散型的类似"独联体"的模式，可以很快做大企业规模，但负面效应也逐渐暴露出来：机构重叠、岗位重复、地域分散、决策链冗长，有些不合格的产品贴着"正泰"的标签，明目张胆地销售；有些成员公司不愿把利润投入技术改造，宁愿吃"技术大锅饭"……集团虽然手握产、销、人、财四项权力，但实际上每家企业都是独立法人，都拥有各自公司的治理权，这种"集而不团"的局面让南存辉头疼不已。

时间很快来到 1997 年，此时国内的双轨制价格已基本并轨合一，国有企业和乡镇企业开始同台竞争；"短缺经济"下的卖方市场一去不复返，整个市场开始呈现拼质量、拼品牌的白热化竞争状态；受亚洲金融危机影响，需求不振，出口下滑，国内 95% 的工业品供大于求，供给过剩第一次成为迫切需要解决的问题。

环境的剧烈震荡让众多习惯于野蛮生长的民营企业一时无法适应，要活下来，摆在它们面前的只有两条路：要么创新，增强产品竞争力；要么整合并购，诉诸资本。如果选择后者，则必须有清晰的产权结构和可靠的公司治理水平。对那个年代的诸多民营企业来说，这无疑是软肋。

一次，经济学家周其仁教授应邀到正泰集团做培训。在提到企业治理时，他用中国历史上的"藩镇割据"来比喻集团内部法人太多的情况，多就容易乱，各自为政，各行其是。这句话点醒了南存辉，他终于找到了症结——一个集团，多个法人。这种产权不明晰、责权不明确的混沌状态，既不符合现代企业治理模式，也难以确保企业长期发展，若不及时处理，经年累月，必然会成为巨大的隐患。要排掉这颗"雷"，摆在正泰和南存辉面前的只有股份制改革这一条路可走。

其实经商多年的南存辉对股份制并不陌生。他与人合办求精开关厂时，就是合作双方各占50%的股份，但在遇到股东对重大战略决策有观点分歧时，这样的股份设计存在无法根据股权比例投票决定的弊端。创办正泰时，他引入亲戚、朋友分别担任董事、总经理或副总经理，同时也成为利益共享的股东，以极低的信任成本，实现了高效战略经营决策与稳定的团队建设。然而，显而易见的是，那个时期带有明显家族企业烙印的治理模式和股权结构，无形中限制了外部人才的引进。

破解集团化难题要面对的问题是，没有血缘、亲缘关系的社会成员企业，股份怎么给，按照什么标准给，这是关键中的关键。

为了解决好产权改革课题，南存辉做了精心的准备：先是将股东集中起来开会，征集了关于产权改革、促进发展等160多条意见建议。然后，南存辉带领所有股东到乐清雁荡山景区"闭关"讨论。一进会场，他就向所有人表明了决心，和大家约定：任何问题都可以讨论，甚至可以争辩、争吵，一定要有定论，讨论不出结果，谁也不准下山！

7月的雁荡山凉爽宜人，是避暑度假的胜地，会议室里的争论却让会场"温度"居高不下。由于事关切身利益，各股东、企业主的诉求不同、立场不同。

有人表态：我不愿意！正泰这么大，我占股肯定少了，到时候连说话的份儿都没有。

还有人认为，股份制一搞，自己的收益肯定要降低。各方僵持不下，谁都不肯让步，最终的焦点都集中到如何合并，合并后如何确定各自的股权比例上来。

要真正说服在场的人并非易事。大家虽然都是企业主，但基本都是靠实践打拼上来的，用书本上那套经济理论，肯定行不通。经过两天多的争吵、辩论，见大家都疲乏了，南存辉觉得时机到了，他打了一个自己种地和请人种地的比方：自己种地当农民挺好，但作为农场主（股东）请农民（职业经理人）帮你种地，你来收租（按股份比例分成），不是更好吗？！农民和农场主的比喻，简单直白，通俗易懂，成功地打动了多数持不同意见的人。

见众人的顾虑逐渐打消，南存辉基于专家顾问的方案，结合大家的意见，终于敲定了一套令各方都满意的股权分配方案：对所有企业的年销售额、年利润和产品潜力这三项最重要的指标进行综合评估，如以年销售额为基数乘 0.4，以年利润为基数乘 0.4，再以产品潜力为基数乘 0.2，得出一个系数，然后通过系数折算出成员企业的持股比例。

这不仅仅是一道复杂的算术题，更是一道前所未见的应用题。中国的民营企业家，根据对中国特色社会主义和市场经济的朴素理解，活学活用经济学理论，为解决所有制改革中不同市场主体的价值评估难题，提供了独辟蹊径的"中式方案"。南存辉及专家顾问们结合民间智慧和专业方法，制定了公正的股权折算方式和合理的股权分配方案，交出了近乎完美的答卷，也给一段时间以来的内耗与争夺画上了休止符。

从"雁荡山会议"后的大合影看得出来，南存辉的神色明显轻松了不少，与会人员也展露出久违的笑容。会议达成的共识是令人满意的，原先的成员企业相继变为正泰控股企业，法人变为股东，机构得到了精简，运营成本也得到了有效控制，集团的管控得以强化。南存辉和他的亲戚虽然仍掌握着正泰股权的大部分，但引入社会资本的正泰已经不再是纯粹的家族企业。

雁荡山会议的股份制改革带给南存辉的心理冲击也是巨大的，他看到了家族企业的一个致命弱点，就是无法更多更好地吸纳和利用外来优秀人才。如果股份制改革不能冲破这层藩篱，让跟随正泰创业的元老和成长起来的管理团队也分享股权，那么他们可能会失去奋斗动力，正泰未来的发展必将遭遇重大挑战。

比如在正泰集团首届科技大会上，为表彰"八五"期间的优秀科技成果，公司以现金奖励先进科技工作者和科技工作积极分子，分别是每人1万元和2000元。当时，这虽然已经不是一笔小钱，但与股权收益带来的回报仍然有云泥之别。

1997年9月，党的十五大在京举行。大会报告明确提出，允许和鼓励资本、技术等生产要素参与收益分配。这无疑给了南存辉更加清晰的政策方向指引。

一场家族企业的自我革命很快开始。这次正泰瞄准要引入的，是具有专业才干和做出突出贡献的"知识资本"。在专家顾问们的指导下，南存辉提出了"股权配送，要素入股"的股权分配方案：通过降低自己和原股东的持股比例，把核心利益让渡出来，以管理入股、技术入股和经营入股方式，实施股权激励，推行股权配送制度，让集团内的管理、技术研发和销售的核心骨干在满足一定条件时就可以获得股份，从而成为企业的主人，共享企业经营所创造的价值。

多年后，在正泰的经营管理中，南存辉总结股权改革中的理念精髓，在公司内推行"双培计划"，就是把职业经理人培养成股东，把股东培养成职业经理人。有双重的身份就有了双份的收入，将工作绩效与利润分红相结合，创造性地解决了"付出与回报""短期与长期"的矛盾。这成为正泰激发人本价值，留住优秀人才的法宝。

同年，浙江正泰电器股份有限公司获批成立，标志着正泰集团具有里程碑意义的第一家股份制公司正式诞生，股东由原来的10个增加到100多个，南存辉所持的股份也下降至30%左右。虽然股份被稀释了，但公司规模却壮大了，这也印证了南存辉所说的：分享不是慷慨，对于创业者而言，分享是一种明智选择。

通过吸纳社会资本和知识资本的两轮股份制改造，褪去家族企业色彩的正泰，正式蜕变为一家产权清晰、管理科学的现代企业。

自然界的蝶变，有的只要几天。这家企业的现代化"蝶变"，用了13年。

━━━━◆●◆━━━━

鲁迅先生说：其实地上本没有路，走的人多了，也便成了路。在改革开放初期，以"84派"为代表的早期民营企业家，孤独地在莽荒中行走。时而匍匐，时而困顿，时而跌倒，所幸他们中的许多人没有止步，跟跟跄跄地为后来人硬生生地撕开荆棘，闯出了一条改革之路。

他们是勇者，是壮士。现在一切的理所应当，在当时却多是无人区甚至是雷区。在某种程度上，生长于温州的南存辉、四川希望集团的刘氏兄弟、福建晋江的丁和木父子等创业者是幸运的，因为他们出身于草根，最初创立的就是纯粹的个体和民办企业，产权一清二楚。如果涉及集体企业或国企改制，情况就会复杂不少。

比如杭州中药二厂的冯根生，原本是中药老字号胡庆余堂的学徒。他执掌国企38年之久，是老一辈浙商中受人尊敬的企业家。1992年，他顺应改革召唤，亲手创办了中外合资正大青春宝药业有限公司。之后在实行职工内部持股时，董事会通过决议，作为总裁的他应认购2%的股份，折算下来需缴纳300万元。

相比他当时每月几千元的工资,这笔钱无疑是天文数字。要买,实在没钱,买不起;不买,有人说老总都不看好企业。甚至有人质疑,冯根生作为共产党员,怎么能计较个人利益。

一个今天看来普通寻常的高管股权激励方案,在当时居然成了舆论热议的"冯根生难题",引发了全社会的大讨论。直到最后,还是开明的杭州市政府出面,通过银行贷款,帮冯根生解了围。

更多同时代白手起家的民营企业家,虽然没有体制的"紧箍咒",但是基于血亲宗族和小农经济构建起来的潜意识,让他们更倾向于传统意义上"要做老板""要说了算"的一人独大或者家族管理模式。在事关切身利益的股份取舍上,因为担心权力的稀释和控制权的旁落,他们往往会采取更为保守的态度,从而错失了许多关键的发展契机。与南存辉同时代的许多民营企业就是止步于此,逐渐消失在历史的故纸堆里。

而对南存辉来说,幼时的经历既是上天对他的磨炼,也是上天对他的眷顾:贫困的出身并没有让他对攫取财富产生额外的欲望,反倒是淳朴的家庭文化熏陶,让他在创业路上更具同理心和共情力。

不等、不靠、不要,是温州人群体创业发展的特质。一路走来,原生的草根创业,虽然面临千难万险,但没有繁复的历史包袱,可以在面对股权改革时轻装上阵。包容开放、先行先试的创业热土温州,也才孕育出敢闯敢干的南存辉们。

松下幸之助说:一个企业的兴衰,70%的责任是由企业家决定的。

靠什么决定？取舍，进退。

秦朔对话南存辉

秦朔： 从小在艰苦的环境下成长，面对这样的生活境遇，长辈、家庭是怎么教育您的，对您产生了哪些影响？

南存辉： 要说在这么艰难的环境下，会饿得着吗？那是肯定的。那时很多东西都很匮乏，往往只能去借。

但是长辈们告诉我们，双手要勤劳，学会自力更生，才能丰衣足食。而且，长辈们面对生活的窘境，从来没有传递过消极的情绪，而是一直非常乐观、积极的。

那时候也不会觉得因为家里很贫困就低人一等。长辈们教导我们，大家都是平等的，要懂礼貌、讲规矩、重信用，刻苦学习、努力上进，以后总会有出息的。所以，从小到大，就算在物质匮乏的环境下生活，我也没有自卑感，心境是坦然的。

秦朔： 初中毕业以后，去街头做修鞋匠，算是您第一次开始接触社会。现在回想起来，这段经历对您日后的人生，对您经商做企业会有启发吗？

南存辉： 那段时间，对我这一辈子都非常珍贵。我没接受过高等教育，但社会是大学，生活是老师。艰难的环境逼着我去学习。学什么？学为人处世，学待人接物，学讲诚信、讲质量，学怎么做生意才有回头客。

从自身的经历来说，我觉得培养下一代，如果将他捧在手心里或者养在温室里，是养不出苍劲的松树的。那些小花朵，风一吹，雨一刮，就不见了。若要经得起日晒雨淋，经得住狂风暴雨，一定要到外面去闯。

秦朔：「温州模式」具有很强的市场经济的原生性，乐清也属于我国市场经济重要的发源地之一，您觉得它的独特性来自哪里？

南存辉："温州模式"有天时地利因素，但主要还是因为人和。

温州人好像天生就是市场经济的种子，一见阳光就灿烂，一沾雨露就发芽，一有土壤就生长。

温州是一座靠山面海、包容开放、融合创新、文化多元的城市。据统计，在全球各地闯荡的温州人就有260多万，来温州创业发展的也有这么多人。

温州人到全国、全球去谋生，形成了讲诚信、敢拼搏、互相帮衬、抱团发展的文化。只要会说温州话，听得懂，大家就觉得都是乡里乡亲的，都是熟人，都要面子，信用成本很低。有时候谈生意做买卖，不用做尽职调查，不用写合同，几句话就敲定了。

秦朔："温州模式"独特的内生性在改革开放初期具体表现在哪些方面呢？

南存辉：主要表现为对机会的渴望、敏感和抢抓机会的行动力。有一句流行的话叫作"温州人的头发都是空心的"，说的是温州人脑筋转得很快，每根头发都是天线，市场意识比较灵敏，天天找机会。因为实在是太贫穷了，只能靠自己的双手，靠自己动脑筋。

温州人爱面子，"不找市长找市场"成为一种独特现象。温州也有少量国有企业，职工下岗都是静悄悄的，很少有人到政府闹事。因为大家都觉得，好手好脚，凭什么不去赚钱？凭什么不去自力更生创业？那时候，温州经济中的市场主体几乎99%都是个体户，去摆个香烟摊，去开个小面店，一年都可以赚几万元，过上好生活。在这种文化土壤和氛围中，搞市场经济好像是天经地义的事。

温州人有"宁当鸡头，不做凤尾"的观念，一度曾被人诟病，但放到当下鼓励创新、提倡高质量发展的时代，这恰恰是一种小微个体勇于创业、敢于争先的精神体现。这种"鸡头文化"，就是温州独有的老板文化。敢于冒险的精神，也是企业家精神的一部分。

秦朔：从创业经历看，您很早就对质量问题高度重视，是超越当时很多商人的思维的。您内心有什么样的动因？

南存辉：还在摆柜台的时候，我每天就在想，要是质量出了问题怎么办，我该如何面对客户。内心始终有对质量的敬畏。

每当看到来了一个回头客，我心里既高兴又害怕。高兴的是又有人下订单了，害怕的是，万一他是来投诉质量问题的该怎么办。当时一有客户来投诉，负责看柜台的伙计扭头就跑，所有投诉只好由我来处理。我觉得还是要勇敢面对，不要回避，得找到方法予以解决。

小时候，我经常听长辈讲，做事要心安理得，要对得起自己的良心，要经得起时间的检验。这是中国优秀传统文化的教导。一个人诚实守信，就算很艰苦，很清贫，也还是觉得很快乐。孔子评价他的弟子颜回"一箪食，一瓢饮，在陋巷，人不堪其忧，回也不改其乐"，说他虽然生活条件很差，但生活乐趣不改。我是能理解这种"不改其乐"的含义的。

无论是做人还是做事，都要心存敬畏。敬畏规则，敬畏质量，敬畏未知，自然就会心底坦荡。

秦朔： 柳市电器市场算是非常纯粹、自发、原生态的市场经济，可发展到后来，也暴露出很严重的假冒伪劣问题，最后政府不得不用行政的手段去规范和整治。这种现象在改革开放的过程中并不鲜见，您怎么看？

南存辉： 俗话说，地地出君子，地地有小人。人性是有两面性的。有钱当然会去赚，就像孔子说的，"富与贵，是人之所欲也"，关键是要看赚的钱是否依法合规、心安理得。所谓"君子爱财，取之有道"。天上掉馅饼的时候，往往很多都是陷阱。大多数人在这个时候很容易迷茫，如果没有定力，可能掉进坑里那个就是你。

而且在市场经济发展初期，法规和政策不完备，也不知道有些做法到底对不对。只有先试，成功了就复制，不成功就整改。深圳特区的成功也是从试点开始的。在发展的初期，无序是存在的，关键在于如何加以规范和引导。对有意犯错和无意识的过错行为，要区别对待。

有一年，一家境外媒体来采访，问我对中国改革开放怎么看。我说这还用问吗，中国的改革开放成就举世瞩目。我当时用了我们国家总结改革成功的六个字：稳定、改革、发展。稳定是条件，改革是过程，发展才是目的。

秦朔：正泰经过这么多年能取得成功，营销体系发挥了巨大的作用，有没有什么秘诀？

南存辉：正泰最初卖电器，和柳市其他企业是一样的，依靠类似"行商"的"十万供销大军"服务于刚开始萌芽的市场需求。后来，在借鉴参考国外先进做法的基础上，在营销体系持续的接力探索创新中，我们建立了系统化、成建制的全国专业电器营销网络。有了根据地，大众化"行商"便成了正泰专属的"坐商"，我们通过持续培训帮扶、管理迭代创新和物流配送等举措，强化了黏性，提高了效率，降低了成本，打造了本土化服务的能力，使市场需求得到了快速响应，不仅提升了企业竞争力，积累了客户资源，还树立了品牌口碑。

应该说，时代在进步，对队伍的要求也会变化。面对不同的行业客户，打法也不一样。

几十年来，在中国区低压电器营销全国办事处服务网点发展的基础上，正泰一直在持续推动营销系统的变革创新，建立了面向市场应用和解决问题痛点的研发创新对接市场的机制与技术营销工程师服务队伍，构建起了全球化的营销体系。

从通用市场的渠道营销到行业专用市场的技术营销，从1.0蓝海行动到2.0区域科技平台试点，从高压开关成套项目经理制到工程总承包服务，从智能家居to C（面向消费者）市场快消品服务模式到户用分布式光伏产融结合模式，从打造国内外光伏电站开发投资建设能力、将电站作为产品出售给金融保险机构的创新模式到智能运维光伏电站的服务模式，从本土全球化营销模式到全球区域本土化业务模式，在正泰，大家深知：唯一不变的就是变。

秦朔： 当年进行股份制改革，面临的挑战有些来自体制，有些来自观念，有些来自认知。从结果上看，正泰的改革是非常成功的，您觉得从中积累了哪些财富呢？

南存辉： 财散人聚，财聚人散，我们的结果是人聚财聚。舍得"散财"，才能"聚才"，一切事皆在人为。只有聚集更多的人才，才能创造更多的价值和财富，企业的发展也才更可持续。

"赚钱第一，不是唯一"，这是我经常提醒自己的一句话。办企业首先要赚钱，假如不赚钱，就无法生存，更谈不上发展。成功是靠天时地利人和，企业发展要与国家的要求、社会的进步融为一体，自觉承担起时代和社会的责任。只有这样，才能够得到政府、社会更多更大的理解、包容和支持，进而促进企业的安全、健康、可持续发展。"为客户创造价值、为员工谋求发展、为社会承担责任"的正泰核心价值理念，也充分体现了这一点。

秦朔：正泰的管理理念，有不少是东方智慧结合西方理念。这一点在股权激励和财富分享上也有体现吗？

南存辉：提到东方智慧，不得不提南怀瑾老师对我的影响，他让我学到了很多中华优秀传统文化，包括对待财富的态度。南老曾经写过一副对联给我：须知道义无价宝，切记富贵有尽期。这是对我的寄语，也是一种提醒。

财富再多，每天也只能吃三顿饭，晚上也只能睡一张床。要想让富贵无尽期，那就要建立一套机制，调动更多人的积极性，共创共享。所以正泰的股权激励不仅面对员工，还面向经销商和供方合作伙伴，让大家一起共建企业生态圈，结成价值共同体、命运共同体。

02 正道弥新

1998
—
2010

磨"链" 加减之道

在正泰的发展历史上,"雁荡山会议"的重要性不仅在于理顺了统一的法人财产权以及所有权和经营权的关系,还在于正泰顺势将服装、纯净水等非相关产业剥离,踏踏实实地聚焦到以电器为主营业务的专业化道路上来。

在保证产品品质、拓宽营销布局、建立激励机制等多种措施的综合作用下,正泰的品牌知名度和市场影响力与日俱增,市场份额快速扩大,很快跃升为国内低压电器行业产销量最大的头部企业。

通过正泰等企业的带动,柳市摆脱了昔日"假冒伪劣"的污名,重新走上电器专业化市场的发展道路。继京津(包括北京和天津)、上海、沈阳、天水、遵义之后,柳市逐渐成长为全国第六大低压电器制造基地,也成为浙江"块状经济"的典范。

企业的迅猛发展容易让人沾沾自喜，但南存辉并没有被冲昏头脑。他清醒地看到，中国工业电器市场新的格局已然形成，市场竞争已经到了真刀真枪拼"硬实力"的时候，跟不上形势的话，随时可能在行业洗牌过程中被淘汰出局。

南存辉指的新格局，就是国企、外资、民企的"三足鼎立"。国企的优势在于产业底蕴深厚、产品质量扎实，通过改制恢复了活力，凭借信誉和口碑有稳固的市场基本盘，在某些细分产品的市场占有率上有绝对优势。老牌跨国公司通过复制海外的成功经验，把技术领先、资本雄厚、产品线丰富、服务周到等综合优势发挥到了极致，形成了降维打击，市场占有率增长惊人。以正泰为代表的民营企业体制机制灵活，渠道网络渗透度高，劳动力成本优势突出，但短板也很明显，不仅产品同质化严重，而且产品线比较单一，如果不能实现产业链的突围，那么增长空间将基本被锁死。

这场突围战怎么打？突围的方向又在哪里？南存辉一边跑市场，通过经销商掌握一线情况，了解趋势，一边拜访行业领导和专家，征求意见，寻找答案。经过分析对比，南存辉和经营团队认为，此时的正泰在低压电器领域已经具备比较强的竞争力，这是生存和发展的基本盘。要守住基本盘，除了牢牢把住质量关，发挥渠道优势，同时还要加大创新力度，发展成套设备。此外，面对友商产品线完备的压力，一定不能墨守成规，故步自封，必须主动出击，迈向中高压市场。

后来，这套攻守兼备的策略打法，被以时任机械工业部科技司副司长焦平生为代表的专家顾问总结为,"立足低压,跳出低压,走低、中、高压一体化和成套设备并举之路",亦成为千禧年前后正泰产业链升级的主旋律。

几乎在同一时期,中国的电力行业也迎来了改革的曙光。

20世纪90年代,中国如同一辆油门踩到底的快车,在通往工业化的道路上疾驰。但能源紧张,特别是电力短缺,却成了经济高速增长的掣肘。当时"拉闸限电"的现象非常普遍,严重影响了正常的生产生活。

就算是首善之都北京,也难例外。当时《北京晚报》"百姓报道"版的右下角,常年有一则"停电"预告栏目,提醒市民时刻做好停电准备。1992年8月28日是有名的"黑色星期五",当天因北京地区正常限电和华北电网紧急限电,全市拉闸765路,拉掉负荷84.35万千瓦,相当于当时总负荷的三成左右。换保险丝和秉烛写作业,成了烙在那代人脑海里的集体回忆。

1993年,国务院决定撤销能源部,成立电力工业部,并着手制定电力工业"九五"计划,解决电力供应短缺的问题,推动电力体制改革。

随后施行的《电力工业"九五"计划(1996—2000)》意义深远:国家电力公司成立,电力工业部撤销,政企分开迈出实质性步伐;以"两改一同价"[①]政策出台为标志,农村电气化事业进入前所未有的快速发展阶段,农电体制改革也随之全面展开。

---

① "两改一同价"指改革农村电力管理体制,改造农村电网,实现城乡用电同网同价。

时任国务院总理李鹏在听取电力工业"九五"计划制定工作汇报时，曾重点提到了对电力需求的规模要有前瞻性的预判和规划。他认为，如果按照"九五"期间年经济增长速度8%~9%的目标，那么中国电力需求弹性系数大体上应该保持在0.8。这也就意味着，未来五年新增装机7000万~8000万千瓦，才能基本适应国民经济和社会发展对电力的需求，才能从全国范围内基本克服"拉闸限电"的现象。[1]

按照当时的估算，水火电每千瓦平均动态造价在7000元左右，也就是说，整个"九五"期间，中国电力建设的总投资将会超过5000亿元。要知道在1995年，中国的GDP也只有57 733亿元，电力建设投资几乎相当于它的1/11。

面对千载难逢的机遇，正泰不仅牢牢地抓住了，而且顺势切入成套设备市场。1996年，随着业务量的不断扩大，投资额超过1.5亿元的温州正泰成套设备工业园开工建设。工业园占地78亩，拥有5万平方米厂房，具备先进制造能力，于1999年5月落成。

在引进生产设备时，正泰毫不吝啬。德国经典喷涂自动生产线、日本钣金柔性加工生产线、大吨位数控双折弯机、数控剪板机、数控砖塔式冲床、型材加工辊压机、母排加工生产线……一系列先进生产设备和工艺装备的到位，也从根本上改变了正泰

---

[1] 贾科华，《电力"九五"计划：出台早，调整勤，效果好——王信茂忆电力发展走上市场经济轨道首个五年规划的制定及实施》，《中国能源报》，2017年7月26日。

原有的生产手段和生产方式，极大缩小了正泰与世界先进企业之间的差距。

一位长期往来各国的客商参观完正泰后，不禁赞叹："我走访过世界上大大小小几千家企业，对国内民营企业的印象就是小、散、乱，但是在正泰，却有种置身美国、日本等的大型企业的感觉，国外最先进的企业也不过如此。"

通过这个园区的产线，成套开关设备壳体、高低压金属开关设备、低压配电箱、户内外高压电器元器件、预装式变电站、电力电子类产品陆续问世。借着国家电力建设的东风，本着精益求精的质量追求，正泰的成套设备业务从无到有，从小到大，用五年时间就发展到年销售额5亿元，为未来大举布局输配电业务奠定了重要基石。

得益于交通、能源、农业等基础设施建设的拉动，以及汽车、房地产等行业的发展，短短几年时间，正泰围绕"电"做文章，在事业版图上频频落子。生产经营墙壁开关、插座等建筑电器附件的正泰建筑电器，专注于能源计量和能源量测等专业领域的正泰仪器仪表先后成立。

不仅如此，在传统的低压产品领域，激励机制也迸发出创新的火花。1998年7月，自主开发的N系列断路器的上市，让正泰在低压领域的产品从跟跑向以自主设计、自主开发为主转变，也让正泰摆脱了当时因市场上产品同质、压价竞销而处于被动的局面。

南存辉此时最关注的还是高压业务的进展，这不仅是正泰战略部署取得成功的关键，也关系到正泰能否在全产业链上实现根本性的突破。

此时的改革开放模范生浙江，其经济发展经历了二十多年的高速奔跑，也显现出增长乏力、后劲不足的疲态，原有的粗放式发展所带来的低效产出愈发明显。2003年，浙江规模以上制造业的增加值率只有22.8%，低于韩国20个百分点，规模以上制造业的劳动生产率只有5.98万元，这一水平只是美国1995年的7.4%，但在资源消耗和碳排放上，却数倍于一些发达国家。

当时浙江经济发展有种种不利条件，如工业基础薄弱、资源匮乏等，"老百姓经济"存在体制性、结构性、素质性矛盾。2003年7月，时任浙江省委书记习近平在全面深入调研的基础上提出"八八战略"，指出要主动接轨上海、积极参与长江三角洲地区合作与交流，走新型工业化道路。之后，浙江省以"腾笼换鸟"和"凤凰涅槃"的魄力和决心开辟转型升级、创新发展的新路径。

这给正在思考产业如何向上延伸的南存辉，带来了莫大的启发与触动。

在仔细研读政策文件后，他觉得企业要发展，必须顺势而为，大江大海里才会水大鱼大，熟悉瓯江水性的正泰，是时候到钱江潮头、黄浦江畔去大展拳脚了。

于是，正泰集团董事会积极响应省委号召，会同集团党委和专家顾问经过学习研究讨论后，提出了"扎根温州，连接沪杭，融入长三角，面向全中国，走向全世界"的工作方针，并制定了项目实施方案。

2003年7月23日，正泰集团在温州举行"接轨长三角，打造国际性电气制造基地"动员大会。会上，南存辉向全员宣读了一封特殊的来信，来信人是时任浙江省委书记习近平。正是这封信给了南存辉和团队莫大鼓舞。

在这封信中，习近平对正泰"实施国际化战略打造先进电器制造企业"活动表示祝贺，并从省委、省政府号召打造"先进制造业基地"的意义，讲到民营经济所起的重要作用，再讲到正泰集团作为民营企业的代表，积极发挥自身优势，在打造先进制造业基地方面做了有益尝试，最后提出，希望正泰"再接再厉，乘势而上，抓住机遇，积极探索，为推动全省先进制造业基地建设作出积极的贡献"。①

在全场经久不息的掌声中，南存辉和团队把贺信的勉励化成了一股劲儿，全力以赴加速项目推进。

---

① 《"习总书记始终大力支持民营经济健康发展"——习近平在浙江（三十四）》，《学习时报》，2021年4月14日；廖毅，《步履正泰：南存辉亲述创业史》，红旗出版社，2018年。

当年，正泰正式成立以南存飞为组长，王永才、高亦强、陈成剑等为成员的工作组，开始筹建正泰电气上海园区，迈出了融入长三角的重要一步。发挥区位优势和块状特色产业优势，接轨上海、积极参与长三角合作与交流，走新型工业化道路，正是浙江省"八八战略"中的核心举措。处于转型期的正泰，乘势而起，成为最早一批响应号召，飞赴长三角谋求高质量发展的"俊鸟"之一。

万事开头难，偌大一个上海松江园区，一个全新的输配电产业园区要平地而起，谈何容易。当时园区工作组牵头人之一、现任正泰电气党委书记陈成剑回忆说，筹建期间正赶上非典肆虐，一次他从温州开车赶到上海约人谈事，可能是来回奔波的缘故，路上发起烧来。临到的时候，他连浇了三瓶冰矿泉水到头上降温，才没耽误办事。

工作组里还有新加盟的沈阳变压器公司原总经理李锦彪博士，他挑起了招兵买马，进军输变电高压领域的重任，一边组建核心团队，一边开始设计、研发、制造。随后，行业领先的高压开关团队也受邀加盟，团队实力大大增强，园区的规划和建设工作初见雏形。

2004年1月，正泰电气股份有限公司成立。10月，投资总额35亿元的正泰松江园区开工。同年底，11kV（千伏）变压器挂网运行，产品逐步进入中国原子能工程、山西古交电厂、北京钓鱼台国宾馆、大庆油田、秦山核电站、中央电视台、首都国际机场等100多个重点项目。

2004年，浙江的经济转型升级取得明显成效，全年GDP首次撞线万亿元大关，成为我国第四个迈入"万亿俱乐部"的省份。与此同时，迈上先进制造业台阶的正泰，在创业二十年之际获得了崭新动能，即将加速，腾飞而起。

2005年10月12日上午的甘肃酒泉卫星发射中心，"长征二号F"运载火箭呼啸升空，成功将搭乘"神舟六号"载人飞船的航天员费俊龙、聂海胜送入太空。之后航天员圆满完成预定实验并安全返航，标志着我国载人航天工程"三步走"战略的第二步顺利开局。令南存辉自豪的是，在"神舟六号"的相关工程中，正泰的10kV开关柜、高压环网柜、低压柜均有中标，它们稳定运行，成为保障航天工程的幕后英雄。

2006年底，松江园区基建全部完成。之后几年里，松江产业园区见证了正泰在高压领域的一个接一个里程碑：840MVA/500kV变压器装备三峡工程，以及500kV高压换流变压器的国产化；三维稳态涡流场有限元分析技术、仿真分析技术等关键技术的突破；750kV大电流短路试验变压器奠定在国内试验认证领域的重要地位；自主研发的500kV电力变压器产品使正泰跻身于国内超高压变压器厂之列……

在高压领域站稳脚跟后，国家电网、南方电网及下属的省市电网公司，钢铁冶金、水泥、石油化工企业，国电、国能等发电企业，纷纷成为正泰的大客户，正泰的高中低压电气产业链终于开花结果。

正泰在产业链上前进的脚步没有停止，他们还要攻下工业自动化——外资品牌长期垄断的技术高地。

———————•◆•———————

对寻常老百姓来说,"电气"和"电器"只有一字之差,往往无法分清,生活中也经常出现指代不明的情况。从专业角度来说,两个词读音相同,但含义却天差地别。

电气,是英文 electronics 的翻译,泛指"电",是电能的生产、传输、分配、使用和电工装备制造等学科或工程领域的统称,电子、电器和电力均属于电气范畴。电器则是指接通和断开电路或调节、控制、保护电路及电气设备用的电工器具。

从学科分类角度来说,电力包含两个方向:一是电力与电网,另一个就是电气自动化。电气自动化随着第一次工业革命和第二次工业革命兴起并发展,在工业生产过程中发挥了关键作用,也被称作自动化控制技术。

20世纪70年代,大规模集成电路技术开始普遍使用,尤其是计算机技术开始介入航空、航天以及军事领域之后,自动化控制技术迎来了快速发展时期。很多如今已成为行业巨擘的公司,如霍尼韦尔、西门子、施耐德、ABB等,就是从那时开始建立了在该领域的绝对优势地位。

由于集中式控制带来的局部控制失效和事故频发,分布式控制系统(distributed control system,DCS,又译为集散控制系统)开始在工业生产中运用。这一技术是将控制的权限进行有效分割,由现场的控制系统完成简单的回路控制,而在远端可以进行信号设定和高级控制等集中化控制。分布式控制系统的标志性意义在于将计算机技术和控制技术紧紧地捆绑在了一起,也就是通俗意义上的"硬件软件一体"。在如今的电厂、化工、水泥等行业,分布式控制系统早已取代按钮操作的模式,普遍应用在控制和监视设备等环节。

随着与智能建模、智能识别等相关的软件技术的高速发展,智能控制成为主流。控制技术也开始与生产系统迅速融合在一起,以提升工业生产效率,降低生产运行能耗。比如,以丰田和福特为代表的汽车行业就将计算机控制系统和生产系统融合在一起,在汽车行业率先推出了柔性制造系统(flexible manufacture system,FMS)。

可以说,对于现代化先进制造业来说,电气自动化既是现代制造业具备不断升级能力的基石,同时又具有相当高的专业和产业壁垒,其重要程度不亚于手机中的操作系统,特别是在工业互联网时代,更被称为"工业大脑"。

2003年10月,正泰斥资6500万元,控股了浙大中自,这是一家由中国工程院院士、浙江大学教授孙优贤和其学生王文海创办的流程自动化"孵化器"形态的企业。当时,正泰团队擅长制造业企业的经营,也不知道孵化器该怎么做,双方在战略定位、经营理念、运营模式等方面经过多年磨合,依旧存在诸多差异,无法达成一致。最终,正泰接手了浙大中自的全部股权。公司进行了组织机构调整和股份制改造,剥离了固定资产做孵化器，成立了正泰中自，采取以轻资产做产业的经营模式，先后经历了倪仕灿、王永才、朱信敏、黄永忠、金福娟的变革，走出了一条具有正泰特色的"科技创新＋产业孵化"的产业发展新路子。

———◆·●·◆———

随着正泰在长三角地区的频频落子，全产业链的布局也逐渐清晰：温州为低压电器、仪器仪表、建筑电器、汽车科技的研发生产基地，上海为输配电设备制造、高端装备制造基地，杭州为工业自动化和光伏发电设备制造基地，嘉兴为电线电缆和太阳能透明工厂生产基地。以浙江为"大基地"、以上海为"大窗口"的新时代"前店后厂"格局终于从蓝图变成了现实。

"用加法做强产业，用减法做大企业"是正泰的核心经营理念之一。南存辉在不同场合多次阐述过这套理论："用加法做强产业"指的是，围绕着"电"做文章，用加法，不断地整合，不断地延伸，产生持续效应。比如说正泰从低压开始，做成套设备，做中高压，再做电气自动化，以及布局新能源等，都是不断做加法的过程。正泰通过内部扩张和对优势企业的兼并，把产业链拉长的同时，竞争力也在增强，最终形成独特的产业链整体竞争优势。

"用减法做大企业"则可以理解为，克制扩张的欲望，不贪大求全，下决心把不相关、不熟悉、不赚钱的项目砍掉，坚决地做减法，让企业主体更加精干，拳头产业更突出，品牌影响力更强大。

一加一减，看似简单，却是对人性的莫大考验。现实中，加法胡乱做，减法忘记做，屡见不鲜，也是诸多商业败局中令人扼腕的致命伤。

同属于改革开放最早一批创业者的赵新先在20世纪80年代中期创办了三九集团的前身深圳南方制药厂。该厂凭借用一张中药秘方生产出的胃药"三九胃泰"而声名鹊起，短短几年时间产值便接近20亿元，在同期诞生的企业中风光无两。

在尝到并购带来的甜头后，三九便开始了盲目扩张并购，并购标的不仅包括医药行业，而且还大举进军并不熟悉的农业、房地产、工程、汽车、酒店、旅游等行业。1996年到2001年，并购企业的数量火箭般地达到140多家，资产规模达到200亿元。而资金、整合、管理根本赶不上并购的步伐，资金危机很快爆发，失控的三九最终落得一地鸡毛。

有人说：人类从历史中学到的唯一教训，就是没有从历史中吸取任何教训。所以每隔一段时间，我们就会看到不信邪的企业，发动不相关多元化的战车。乐视如此，安邦如此，曾经的海航如此，遗憾的是，每次的结局都是一地鸡毛，却不断有人重蹈覆辙。

历经无数血淋淋的败局，再品一加一减之法，会更悟到南存辉的克制与坚持，是真知灼见的"南得"，也是历久弥新的"难得"。

追光　向阳初生

进入新千年后，全球经济在蓬勃发展的同时，也深受过度能源消耗所造成的环境污染、气候变暖之困。如何降低对石油、煤炭等化石能源的高度依赖，提高能源使用的效率，从而有效控制温室气体的排放，是摆在各国政府面前亟待解决的世纪难题。

1997年12月，《联合国气候变化框架公约》缔约方第三次会议通过的《京都议定书》成为当时国际社会在气候领域的行动纲领。其中的第二条，在限制和减少排放的承诺中，明确要求各国"研究、促进、开发和增加使用新能源和可再生的能源"。

在这种大背景下，水电、核电之外，风电、太阳能发电等新型能源的开发和应用得到了政府、学界、商界、民间的普遍关注。特别是太阳能发电，作为世界上成本几乎最低廉、零碳排放的电力形式，吸引了全世界的前沿科学团队开展技术攻关。其中最核心的环节便是制作出能高效将光能转化为电能的光伏电池。

光线从太阳照射到地球的时间是8.3分钟，而人类从1839年发现光伏效应到制作出第一块有实用价值的光伏电池，则经历了长达115年的漫长等待——1954年，贝尔实验室的三位科学家在美国制作出转化率为6%的单晶硅太阳能电池。

在我国，利用太阳能为民间发电可以追溯到1983年。当时，甘肃科学院在距离兰州市40公里左右的地方建设了10千瓦民用光伏电站，为附近的村庄带去了光明，这也成为我国最"老"的光伏电站。即使经过30多年的风吹雨打，这个光伏电站现在依然运行良好，功率保持在 7 千瓦左右。

2005 年，南存辉随同国家领导人出访中亚期间，时任国家发展改革委副主任张国宝找南存辉聊天，说起国家计划大力发展风电新能源，但风力发电设备都依靠进口，价格高昂，他询问正泰是否愿意推进风电设备国产化。这番谈话为南存辉思考多年的产业转型打开了一扇窗，他回国后便开始走访专家，调研技术，论证产业化的可行性。

要进入陌生的前沿领域，最需要的还是找到懂技术的专业人才。广觅良才的南存辉，得到了国际技术顾问的帮助。他们向南存辉分析了全球新能源的格局与趋势，提出太阳能比风能更具有产业前景。他们借用里夫金的畅销书《第三次工业革命》中的概念，认为：人类的前两次能源革命都是间接利用太阳能的革命，而第三次能源革命则是直接利用太阳能的革命，主要以光伏形式实现，既是太阳能革命，也是光伏革命。他们建议正泰进军新能源，首选光伏太阳能，因为阳光全球普照，取之不尽，用之不竭。

2005 年 2 月 16 日，旨在抑制全球变暖的《京都议定书》正式生效，它首次以法规的形式限制温室气体的排放，这在人类历史上具有划时代的意义。紧随其后的 2006 年，国家在"十一五"规划中提出要大力发展可再生能源。2007 年，国家发展改革委出台《可再生能源中长期发展规划》，提出到 2010 年可再生能源在能源消费中的比重要占到 10%，其中太阳能发电总量要达到 30 万千瓦。

经过多次论证评估，2006年，正泰认为进入太阳能光伏产业比较合适，在问及选择哪种技术路线时，专家建议正泰直接跳过当时主流的晶硅技术，切入下一代太阳能电池，即用硅量更少的薄膜太阳能电池。

当时的中国光伏产业，严格意义上来说是个"三头在外"的劳动密集型行业，即核心技术在外、核心原料在外、核心市场在外。首先，在炼硅、铸锭、切片、封装等一系列复杂的光伏产业链路中，中国企业由于起步晚，并不掌握核心技术，所以基本集中在依赖人口红利的下游，从事硅片制作电池和电池封装组件等业务，并且生产制造所需的装备基本都依赖进口。其次，要获得制作太阳能光伏电池板的核心原材料，需要将天然硅矿石提炼成纯度为99.9999%的多晶硅，有着极高的技术门槛，该技术被美国、德国、日本、挪威等的少数几家公司掌握，它们不仅控制着产量，还控制着价格。最后，国内生产制造出的光伏设备，几乎都销往欧美等市场，国内需求量微乎其微。

很快，"造富神话"让初生的光伏行业迎来了一场狂欢：多地出台鼓励太阳能光伏的产业配套政策，欧洲多国出台太阳能电池优惠政策刺激产业需求。大大小小数百个玩家蜂拥进入这个赛道，狂热的需求、海量的订单，点燃了原材料的价格，多晶硅随即迎来价格暴涨，最高时曾创下每公斤近500美元的天价！在订单的倒逼下，企业开始疯狂扩大产能，多晶硅也成了大受追捧的"硬通货"。在"拥硅为王"的定式思维下，各地多晶硅项目接连上马，企业开始砸钱大举进行"军备竞赛"。据当时预估，到 2010 年，全国多晶硅的规划产能将达到 10 万吨，总投资超过 1000 亿元。作为对比的是，2008 年中国多晶硅的需求量只有 1.7 万吨，按此推测，2010 年多晶硅的产量将是需求量的 2 倍！

极度的疯狂，让杀红了眼的"赌徒"在输掉身家性命前不会收手。

南存辉心有波澜，但头脑冷静。虽然对太阳能光伏产业来说，正泰还是个新人，可他深知任何产业都有其内在的客观规律，过热了会降温，过冷了会升温，极端的状态绝不会是常态。无法左右市场，却可以选择技术路线。太阳能薄膜的技术路线虽然有技术关卡要攻克，但在硅料消耗量方面，薄膜只有晶硅的 1/200，这条路线显然更符合正泰稳扎稳打的行事风格。

当时以正泰薄膜团队的技术，太阳能的转化率将可达到 9%，处于世界领先水平。如果实现规模化量产，单位电价可能降至 1 元以内。

为了吸引专家团队的全情投入，南存辉决定采取"硅谷人"更为熟悉的创业机制，他对身在海外的物理学家杨立友说："我要花 20 亿元买一艘船，但是我不会开，只能当船东，想找个会开船的人投点小钱合伙做船东、当船长,你感不感兴趣?"杨立友听懂了其中的含义,爽快答应加入,既作为"船东",又当上了"船长"。

2006年10月,浙江正泰太阳能科技有限公司在杭州成立。杨立友带领核心的创业团队,引进最前沿的技术,正泰提供早期启动资金、产业转化支持和渠道铺设,几家机构投资人则提供资本市场支持。

此时,国内太阳能光伏产业的先驱无锡尚德在美国上市已经一年有余,其创始人施正荣更是荣登2005年中国首富。后发的正泰唯有加紧追赶。

在深思熟虑之后,正泰决定采取"两条腿走路"的模式:一方面斥资10亿元,从国外引进了市场主流的多晶硅全自动生产线,先以成熟的模式打开市场,承接订单;另一方面,采纳国际顾问建议,着手准备第二代薄膜技术路线的研发,为将来储存技术。

然而,比攻克技术更具挑战性的,是面对公司内部传出的不同声音。是否要进军光伏行业,内部一直存在巨大分歧。有些人认为正泰应该聚焦在老本行上,做好电力的下游市场已经足够了,没必要涉险去进入太阳能光伏领域。也有人觉得现在正泰整体业务的经营状况那么好,每年利润这么高,干吗还要投入几十亿元去做陌生业务,何况能不能赚钱还是未知数,不如把钱分掉来得实在。

太阳能光伏与正泰熟悉的电气产业,虽然都可以归属于广义的制造业，但两者存在根本上的差别，太阳能光伏产业的技术密度、资金规模和人力成本要远远高于后者。而且作为未来可再生能源的代表，整个太阳能光伏产业仍在起步阶段，摇摆、试错、失败、重来需要面对的不确定性亦远高于已经趋于稳定的电气产业。用电气制造端辛辛苦苦赚取的利润，去为前途未卜的太阳能光伏输血，很多人想不通，也接受不了。

此时正值欧洲光伏补贴的高峰期，纷至沓来的订单让国内的光伏企业处于一派火热的状态中，都忙着连轴转消化订单。初出茅庐的正泰也恰好赶上了这波红利，生产线一上马，销量便远超预期。因为产能跟不上订单增速，工厂不得不24小时不间断加班加点。在热火朝天的高歌猛进中，当初质疑的声音也逐渐平息了下来。

初战告捷，让经营团队觉得应该乘胜追击，当下决定扩产上线第一条100兆瓦的多晶硅电池产线。可就当厂房盖好，产线上马，设备到位，人员齐整的时候，瞬息万变的市场给南存辉开了个大大的玩笑——2008年的美国次贷危机不期而至，引发连锁效应，国外的订单骤然消失！

满怀希望准备在光伏产业大展拳脚的正泰，瞬间被残酷的现实拖到了悬崖边缘。国际形势的动荡，掐断了订单，也掐断了现金流。高昂的固定资产投入和人员开销，以及前途未卜的技术研发，却像无底洞一样，需要源源不断的资金支持。对于习惯了传统制造业的正泰来说，这种情况是前所未见的。

到底是继续还是放弃？南存辉组织团队，通过论证分析，认为太阳能光伏产业作为朝阳产业，依然具有巨大的市场前景，这是毋庸置疑的。当下的困难只是暂时的，关键在于踏准节奏，稳扎稳打。他一边和专家反复论证，一边倾听管理层的意见，最后努力说服了董事会，决定由集团来调集资金，随时为太阳能业务提供"炮弹"。回忆起那段跌宕起伏的经历，南存辉不无感慨地说："我做企业做了四十年，从来没像做光伏企业头几年那样惊心动魄，专家们提了一个方案，我们一决策，几个亿就花出去了。"

这是一场没有硝烟的消耗战，谁都不想输，谁都输不起。一边要面对屡创新高的多晶硅价格，另一边要面对不断攀升的太阳能薄膜研发开支，正泰承受着来自内外部的巨大的双重压力。

开弓没有回头箭。南存辉认准了的事，用他的话来说，就是"专心烧好一壶水"，一是要全身心投入，二是99摄氏度都不算烧开，只有全力以赴坚持到底，水才能达到沸点。

随着时间的推移，正泰的全产业链战略构想在内部逐渐达成共识。研发制造也熬过了开局的冷启动期，迎来了好消息。正泰太阳能成立仅一年半时间，便实现了盈利，并在2008年实现销售收入12亿元。事实胜于雄辩，正泰马不停蹄地将这笔资金投入二代薄膜生产设备。2009年，正泰第一条30兆瓦薄膜电池生产线投产，光电转化率稳定在9%的水平，远远高出业内平均水平。

雷曼兄弟的破产推倒了金融危机的多米诺骨牌，一场"史

诗级"的金融海啸席卷全球。欧美等国的太阳能光伏补贴纷纷取消，海外需求量大减，多晶硅价格迎来崩盘，从顶点的近500美元一公斤，自由落体般地跌落到了60美元一公斤。雪崩时没有一片雪花是无辜的，众多重仓硅料的企业直接被宣告死亡。

随后的全球经济严冬更是让晶硅价格跌至冰点，也让主做薄膜的正泰太阳能感受到了前所未有的寒意。就算已经研发投产的第二代薄膜技术已经做到了全球领先，但是晶硅价格的持续下跌让薄膜的成本优势荡然无存。按照当时的市场测算，只有薄膜技术的转化率达到10%以上，且成本降至75美分每瓦，才可能对晶硅有竞争力，否则，只会陷入增收不增利，甚至陷入"卖得越多，亏得越多"的死亡螺旋。

所幸，正泰一直对市场保持着敬畏和克制，对危机做了充分的准备。在资金方面，募集到5000万美元资金，用于后续的研发生产，以渡过难关。在技术储备方面，最早布局的多晶硅路线并未舍弃，而是与薄膜路线双线并进，避免"把鸡蛋放在一个篮子里"的风险。

蹒跚起步的中国光伏产业，似乎与生俱来就带有技术惶恐和产能焦虑，每家公司都像上满发条一样，齐刷刷地挤向光伏组件上游，以期获取更高的投资回报。此时的正泰反其道而行之，避开人潮，选择了当时关注度并不高的下游光伏电站运营。

在政策还不是很明朗，行业都不是很看好的时候，正泰坚定往下游走。

而对于初涉光伏产业走过的技术路径弯路，南存辉并不避讳,有错就要认,挨打要立正,方向不对就掉头,找到突破口再出发。集上下同欲之力,正泰太阳能业务度过了最艰难的时期,逆势迎来了"小阳春"。

海外订单逐渐恢复,开工建设的西班牙加利西亚太阳能工业园是当时欧洲最大的太阳能电站,位于德国的欧洲分公司也即将落成。

国内的销售局面在2009年逐步打开,正泰也成为国内获得"金太阳工程"订单最多的同类企业。

作为正泰光伏太阳能地面电站的"拓荒者",时任正泰太阳能副总经理仇展炜带领周承军等一帮人在宁夏石嘴山投建属于国内第一批,也是正泰第一个大型地面电站。这里地处荒漠,8月的石嘴山建设基地骄阳似火,无处遮阴。而且戈壁滩昼夜温差大,此时工地的厂房还没来得及建设,大家只能风餐露宿。面对规模达10兆瓦、占地700亩的电站施工场地,国内还没有建设如此大规模电站的经验,所有的工作,包括测绘地勘数据,都只能靠项目团队在现场从头开始,一点点摸索。

经过整整一年的昼夜奋战,2010年6月,投资额达2.4亿元的宁夏石嘴山10兆瓦光伏电站正式并网发电。项目的成功,验证了电站模式的可行性,也拉开了正泰在全球兴建太阳能光伏电站的序幕。"虽然戈壁上种不出庄稼,但种上了'太阳',奏响了'阳光曲'。"现任通润装备总经理的周承军回忆当时的经历,仍难掩兴奋。

下游电站的建设和运营,有一系列输变电、电缆、仪表等成套设备的需求，而这部分需求恰好与正泰集团的低中高压电气产业链高度匹配。凭借得天独厚的产业协同优势，正泰在竞争白热化的光伏市场另辟蹊径，走出了一条与众不同的光伏电气一体化发展道路。

2010年，经历行业剧烈洗牌的正泰太阳能，不仅仍留在牌桌上，还通过模式创新，整合了全产业链优势，实现了盈利。

短短几年间，太阳能光伏产业经历了惊心动魄的过山车行情，全行业损失惨重，举步维艰。作为从业者的南存辉在观察，也在思考如何为行业的持续、健康发展多做有价值的事。

2012年的全国两会，作为全国人大代表的南存辉听到起草的《政府工作报告》中提到要制止太阳能、风能等产业盲目扩张，心里"咯噔"一下：羸弱的太阳能产业还没从金融危机和"反倾销、反补贴"（简称"双反"）制裁中真正恢复过来，如果政策导向就此转向，那对行业的发展来说无疑是沉重的打击。

从早期开始考察和研究新能源，到躬身入局，投资和布局正泰太阳能光伏产业，南存辉陪同国家领导多次出访，和相关部门数次研讨，也深入走访了欧美地区新能源起步较早、技术先进的国家，对全球的产业趋势和动向有着自己清晰的认知和独到的理解。

对于面向未来的战略性新兴产业来说，政策的指向性至关重要。

2012年，美国总统奥巴马发表国情咨文时提出，将美国重振制造业的希望寄托在新能源产业上。他在咨文中说道："经验告诉我们,这些(投向新能源的)公共投资不一定带来立竿见影的回报。某些技术未取得成果,有些企业倒闭。但我不会背弃对清洁能源做出的承诺。"

时任德国总理默克尔是欧盟推动新能源的旗帜,她在多个场合反复强调能源转型,致力于解决迫在眉睫的德国能源危机。早在她担任总理之前,她所在政党基民盟便推动德国政府颁布了《可再生能源法》,她上任之后又多次修订和强化可再生能源的地位,以立法形式力推欧洲光伏市场发展。

基于之前的调研和美、德等国的经验,南存辉经过深思熟虑,带着强烈的产业情节和责任意识,向全国人大提交了一份报告。

报告中,他回顾了中国太阳能产业的基本情况和技术能力,还介绍了国内太阳能产业的应用情况,并用大量的数据与国外市场进行了对比,最后综合全球市场和中国国情,对《政府工作报告》的相关内容提出了三条建议。

一是参照欧美做法,根据规模大小、区域差别,实行不同的电价标准。同时变革退税办法,简化并网流程,加大光伏市场应用,促进产业发展。

二是修改《政府工作报告》中关于"制止太阳能、风电等产业盲目扩张"的提法,以规范和引导产业的良性发展。

三是在关于优化能源结构的章节中增加"有序发展太阳能、风能"。

这份务实的建议得到了多名代表的签名附议,也得到了《政府工作报告》起草小组的重视。在会议结束前一天,南存辉得到了正式的回复：《政府工作报告》中的"制止太阳能、风电等产业盲目扩张"将修改为"防止太阳能、风电设备制造能力的盲目扩张"，以引导产业朝着健康有序的方向发展。

从"制止"到"防止"，从面向全产业到针对特定领域，在宏观政策层面，看似微小的措辞变化，都会对产业带来深远而巨大的影响。2012年5月，美国商务部针对中国光伏产业的"双反"初裁出炉，致命的冲击波导致全行业亏损，就连明星企业家施正荣也不得不辞去无锡尚德CEO一职，黯然离场。

在行业的至暗时刻，得益于政府在政策制定上的前瞻性，以及一系列引导和激励措施的陆续出台，中国光伏产业才熬过低谷。2013年，中国新增光伏发电装机容量10.95吉瓦，首次超越德国成为世界第一大光伏应用市场。

----•◆•----

正泰选择入局光伏产业之时，生产薄膜太阳能电池的许多关键设备都被外资长期垄断。2008年9月，正泰光从瑞士购买第一台等离子体增强化学气相沉积（PECVD）设备，就花费了1亿多美元。该技术在光伏电池板中的作用是通过硅片表面沉积一层减反射膜，增加入射光的透射，同时减少反射，实现更高的光伏发电转化率。这台制造设备的成本占了薄膜太阳能电池发电成本的七成左右，直接导致光伏上网发电成本比传统发电价格更高。要让光伏上网发电价格与传统电价持平，出路就是推进装备

的国产化，解决"卡脖子"问题。

公司组织了国内外专业领域的设备专家研究、分析、论证，筹建科研团队立项，开始攻关。由于太阳能薄膜装备的核心技术与半导体芯片技术类似，属于尖端科研领域，当时国家部委将其列为重大战略攻关项目，其难度可想而知。

2008年，次贷危机引爆全球金融危机，资金链断裂严重冲击了欧美许多高科技公司，直接导致"人才过剩"。正泰抓住机会，适时推出"人才抄底"计划，从欧美、日本等的世界一流企业引进了国际一流的太阳能技术专家和生产装备专家，并以这批海归高端人才为核心，组建了研发团队。

2008年5月，在上海市举办的关于如何加快上海先进制造业和现代服务业的会议上，南存辉在发言中提到正泰要在新能源高端装备方面聚集人才资源、加大创新投入的打算，得到了上海市领导的肯定和鼓励，表示支持正泰将该项目落地上海。

2009年8月，在"自主创新、产业报国"的理念感召下，一众产业明星投资机构纷纷助阵，有"财"有"人"的理想能源设备公司在上海张江正式成立，点燃了能源高端装备国产化破局的希望。

功夫不负有心人。2011年1月，首台代表着国际尖端技术水平的薄膜太阳能电池关键生产设备——等离子体增强化学气相沉积设备在上海张江的理想能源设备公司正式下线，该设备的研制成功打破了薄膜太阳能电池设备市场一直被国外厂商垄断的局面。这套国产设备采用了先进的超高频射频技术、真空和温度控制技术，以及自主创新的自动传输技术，产品性能足以与国际一流设备媲美，而售价仅为进口设备的一半。理想能源设备公司成为光伏设备国产化的"先行者"，得到了工信部等有关部门的表彰。

此后几年，理想能源设备公司接连推出低压化学气相沉积（LPCVD）设备、金属有机化合物化学气相沉积（MOCVD）设备、原子层沉积（ALD）设备系列首台（套）产品，在实现国产化替代的同时，也逐渐成长为高效光伏镀膜装配领域的领先企业。

随后，公司的业务重点逐渐向新型高效太阳能电池、半导体节能照明［LED（发光二极管）］、新型显示［OLED（有机发光二极管）］等领域挺进，并进行相关领域核心高端生产装备的研发和制造。

在纪录片《大国重器》热播后，南存辉接受央视《对话》栏目采访。当被问及"中国如何从制造大国走向制造强国"时，他以正泰突破尖端装备制造的过程为例，回答道："假如我们没有自己的核心装备制造，那么战略性新兴产业也只能停留在普通的加工业。我们要装备中国，更要装备世界，就必须要创新。创新是装备制造永恒的话题。"

2014年11月9日，国家主席习近平在亚太经合组织（APEC）工商业领导人峰会上，向来自各国的1000余家企业的领袖首次系统全面地阐述了中国经济的新常态。高速驰骋的中国经济列车正驶入新旧动能切换的关键时刻，创新驱动将替代要素驱动和投资驱动，成为驱动新时期增长的核心引擎。

关于太阳的传说，东西方历来说法不一，西方认为是上帝创造的太阳，中国神话则将羲和奉为十日之母。

希腊神话中，父亲告诫伊卡洛斯不能飞得太高，因为羽毛上的蜡会被太阳烤化；中国的民间传说里，族人劝夸父，太阳又高又热，最好放弃逐日的念头。

两则远古传说的最后，伊卡洛斯折翼，落海身亡，夸父则是累倒，化身山林。虽然两者都暗含了对太阳的敬畏，不过前者源自欲念，而后者更让人铭记的则是无畏与执着。

现实中，对可再生能源太阳能的渴望，驱使着人类不断研发更为先进的科技，寻找更为高效的材料，制造更为精密的产品。有志于此的企业更像夸父般，在逐日的路上向前奔跑，永不停歇。

在他们看来，这条路，唯有方向，没有终点。

较量　进退有度

2001年11月9日至14日，卡塔尔首都多哈，世界贸易组织（WTO）第四届部长级会议在此举行。10日，关于中国加入世界贸易组织议定书草案的讨论，仅用时8分钟，会议主席卡迈勒就敲响木槌，通过了决议。一个月后，中国代表团团长石广生签署

《中国加入世界贸易组织议定书》，中国成为世界贸易组织的第143个成员。

横贯在中国与世界之间的屏障消失了，大江大海从此交融在一起，迸发出的浪潮澎湃汹涌，声势之浩大，影响之深远，前所未有。它改变了中国，也改变了世界，一并改变的还有中国人熟悉的商业规则。

对"入世"的进展，南存辉和经营团队一直保持着高度的关注，此刻他们的心情喜忧参半。喜的是全世界的市场向中国企业打开，在同一个贸易规则下，中国生产的产品如同大航海时代的水手一般，可以更顺畅地去往更多的国家。忧的是中国的产品在原创性、可靠性、稳定性等方面远远落后于跨国公司，仍处在低价竞争的阶段，要去撬动充分竞争的成熟市场，谈何容易。此外，更关键的是，本土企业的大本营——中国市场——将陆续向外资敞开，面对具有资金、技术、品牌、管理全面碾压优势的跨国公司，本土企业靠什么应战?!

南存辉和经营团队的担忧，不是源自凭空的猜想，而是来自现实的捶打。

早在20世纪90年代初，南存辉就在温州接待过一家同行业的世界500强企业的高管。这家公司刚刚进入中国两年时间，就已经并购了几家中国的本土公司，正在物色新的并购对象，听说柳市是"中国电器之都"，就专门派出团队前来考察，正泰是他们认为符合要求的首选标的。

当时，刚刚完成集团化扩张的正泰，净资产已经从400万元猛增至5000万元，产品在市场上有了属于自己的地盘，品牌也闯出了自己的名堂。无论从哪个角度看，正泰在柳市当地已经算是一家中大规模的企业了，但与跨国公司相比，还差着几个数量级。

1994年，当听说那家跨国企业要来考察时，正泰上下高度重视，热情接待。在交流时，对方提出了收购建议。在来之前，这家公司已经对正泰的经营情况做了周密的调查，认为从代工生产能力、产品在中低端市场的占有率，以及营销网络的铺设来看，正泰正是他们实施在华战略的理想标的。他们这次来就是希望收购正泰80%的股份，将正泰变成其控股的公司。

面对提议，南存辉没有马上回应。此时，他的内心，欣喜正在被惴惴不安代替。他知道如果同意了这项合作，那正泰就可以披上"世界500强"的华袍，戴上"国际知名品牌"的花环。在当时普遍仰望"洋品牌"的社会心境下，这种做法确实能在市场上起到摧城拔寨的效果，对所有本土企业来说都是相当巨大的诱惑。另一方面，作为交换，外资将完全掌控企业的经营和管理，可以借助现成的渠道销售自己品牌的产品。待时机成熟，原先的品牌要么被束之高阁，公司彻底沦为代工厂，要么被锁死在低端市场，充当其高端产品的垫脚石。

此时的南存辉还无法想得特别长远和周全，但隐隐觉得这种做法与正泰"争创世界名牌"的理念有所冲突。他礼貌地向对方表示，这个消息令他意外，自己需要思考一下，同时也需要和其他股东商量。

对方表示理解，在临走时，向正泰提出希望带两个产品回去，作为此次考察的纪念。

没过多久，正泰接到了法院的传票，是那家世界500强公司起诉正泰侵犯其外观专利。"只是外观长得像也犯法？"知识产权以一种不那么令人愉悦的方式与南存辉相遇，这是他在和跨国公司打交道的过程中上的第一课。

和当时多数的民营企业一样，在创业初期，南存辉要考虑的是企业如何生存，确实没有意识，也没有精力去学习和深究"知识产权"这个遥远又陌生的新名词。

----•----

意识到知识产权重要性的南存辉，紧急组建了法务团队，一面积极应诉，一面抓紧补上知识产权的漏洞。经过一段时间的拉锯，第一次诉讼有惊无险地以双方和解结束。

通过和外资的"掰手腕"，正泰深切感知到与国际巨头之间的强弱对比，要想缩小差距，唯有不停追赶。

打铁还需自身硬，发展才是硬道理。CJX2系列产品便是当时正泰技术创新的代表。这是正泰的产品研发团队采用新技术、新材料、新工艺，于1994年开发出的交流接触器系列产品。与其他同类产品相比，CJX2结构紧凑、体积小、重量轻、功耗小、电寿命高、技术经济指标高，适用于电动机的频繁启动和控制，攻克了在严酷的条件下需要长期稳定运行的难题。

由于CJX2在原创性和质量稳定性方面的优异表现，1994年10月，该产品在第三届中国专利新技术新产品博览会上荣获金奖，并在次年举办的第44届布鲁塞尔尤里卡世界发明博览会上获得金奖。

在荣誉面前，南存辉并没有满足。他一方面扩大科研和技术队伍的规模，组建了占到全员数量13%以上的科技人员团队，另一方面要求团队根据实验结果和客户反馈，对标国际巨头，持续开展技术改造。

经过第三方检测机构的评测，CJX2交流接触器产品的技术性能指标接近国际同类产品。

如果说CJX2还是在创新上的单点突破，那么1996年11月14日举行的首届正泰科技大会，则吹响了集团上下科技创新的集结号。会上，南存辉在以"靠科技进步，创中国名牌"为主旨的演讲中，明确了正泰无论与本土企业还是跨国公司开展竞争，科学技术始终是第一生产力，这是正泰的立身之本。随后，他提出了"九五"期间公司在发明创造方面的明确目标：开发国家级新产品5项、省级新产品8项、市级新产品10项，同时70%的新产品实现量产。

回想起三年前提出的"重塑温州电器新形象"，这一次南存辉心里想的是，要练好内功，"再创中国电器新科技"。

随着股份制改革的逐步完成，灵活的激励机制焕发出旺盛的生命力，通过全国137家销售公司和235个特约经销处的营销网络，一批批印着"正泰CHINT"品牌标识的产品进入大江南北，"耐用、好用"的赞誉，让正泰有了与跨国巨头一较高下的底气。

1998年，正泰和四年前的那家世界500强企业再次坐到了谈判桌的两头。与前一次不同，这次两者都是有备而来。对方开出的价码是收购51%的股份，成立合资公司。南存辉坚持的则是正泰品牌必须保持独立，不能由外资全权掌控。

谈判开始前，为了缓解此前诉讼造成的紧张气氛，南存辉半开玩笑地问对方代表："这次谈不成，还告不告？"对方答"不会"。

会后次年，正泰再次收到了传票，发起诉讼的还是老对手。有了前一次的经验，正泰团队应对起来从容了不少。

当时负责应诉工作的徐志武，如今已是正泰集团的副总裁。经历全过程的他，对与跨国公司开展知识产权攻防战感触颇深。他认为，在当时的时代背景下，代表先进生产力的外资持续进入，中国政府也不断释放对外开放的决心，在法治建设上为加入世界贸易组织提前做好准备。由此带来的改变是，中国的商业规则必须与国际接轨，去适应国际大市场的要求。这倒逼中国从制造时代进入创造时代，以前的制造能力来自人力、设备、生产资料，现在要自己创造，首先要问有没有创造的权利。而代表"创造权利"的基石，就是知识产权。

积极应诉之余，正泰也在不断挖深自己的护城河。1999年底获得"中国驰名商标"称号后，南存辉决定乘胜追击，抓紧向海外市场拓展，为"入世"后的国际贸易提前布局。

2001年9月，正泰通过中国商标专利事务所向商标国际注册马德里体系的67个成员提交了正泰英文商标"CHINT"的注册申请。按照马德里体系的商标注册规定，如果其成员在一年半内没有驳回注册申请，则代表该商标申请注册成功。

没过多久，正泰便收到消息，其英文商标在法国、德国等欧洲好几个国家，以及巴西、越南均被驳回，原因是当地已经有"SCHINT"注册在先，由于近似保护原则，正泰无法获得商标注册。最蹊跷的是，经过核查，抢先注册这些商标的，不是别人，正是一直与正泰谈判的那家世界500强企业。

对于这种做法，一开始南存辉和经营团队很不理解，毕竟那家公司并不生产这个牌子的产品，他们曾经问对方：为什么抢注我们的商标，这样不道义。对方回答：我们的商标就是这样拼写的。

吃了哑巴亏的南存辉郁闷不已。后来回想起来，他将此归结为对国际规则认知的缺乏，以及商标保护意识的欠缺。如果1998年在中国注册"CHINT"商标时，就将相似拼写的英文组合进行防御性注册，或许能避免这类争议的发生。

两次谈判后，双方已经不需要互相试探，作为知根知底的竞争对手，那家公司组织自己在国内的合资公司发动对正泰的价格围剿战，压缩正泰的生存空间。正泰则全力反击，凭借深耕多年的营销网络和扎实牢靠的产品口碑，用快速灵活的打法见招拆招。

在南存辉看来，外资进入中国市场已经如潮水般势不可当，硬碰硬或者放弃抵抗都不是明智的策略，经验和直觉告诉他，这是一场持久战。"想要取得主动权，得分别针对三个不同战场，制定不一样的市场战术。"主抓市场的朱信敏，与负责国内市场的陈国良和负责国际市场的张智寰，在深入研究竞争态势后，开始策动反击，准备逐一击破对手的布局。

第一个战场是传统的低压电器市场，正泰用的是阵地战的打法。

当时的低压电器市场，民营企业逾千家，主要以中低端产品为主，市场占有率在55%左右；外资品牌有100多家，以中高端产品为主，市场占有率在30%左右；剩下的份额则由国有企业掌控。

民营企业虽然在品牌影响力、技术先进性和工艺水平等整体实力上与外资存在差距，但在营销网络和强势产品线的综合性价比上，具备很强的竞争力。分布在全国的上千个销售网点，如同正泰的根据地，可以利用更低的成本优势和灵活的定价策略，重点针对跨国公司成本高、决策慢、交付期长的软肋。在当时的标杆项目竞争中，如首都国际机场工程，以及家电龙头品牌科龙空调项目，正泰的产品都成功中标，并拿下较大份额。

与此同时，开工建设的温州正泰工业园总投资2亿元，作为低压电器大本营，在产品研发上可以为前线市场源源不断地提供更加精准高效的"炮弹"。

第二个战场是中高压市场，正泰采取的是突围战的打法。

正泰虽然在低压电器市场的竞争中具有一定的优势，但通过成本优势和营销网络取得的相对优势是动态变化的。而相对低压产品，中高压产品和成套设备的技术含量高，也能与现有产品形成互补，组成更具规模优势的产品矩阵，这是开拓战略大客户的必由之路。

在"立足低压，跳出低压，走低、中、高压和成套设备并举之路"的战略决策下，正泰引进高压领域专业技术人才，在上海松江建设输配电工业园。通过产业链的向上延伸突围，产品覆盖高中低压和成套设备的正泰，成功抓住了国家"两网"改造的历史机遇，取得了四川、湖南、湖北、广东等省的"两网"市场准入。同期的成套设备也拿下了海尔、鞍钢、宝钢、中州铝业等大型企业的订单。

第三个战场是国际市场，需要采用迂回战的打法。

如果说在前两个战场的获胜，有天时地利人和的因素，那么要远赴海外市场，甚至打进跨国公司大本营，客场作战的正泰不得不小心翼翼地摸索前进。

根据对海外市场的研判，正泰制定了"以香港为窗口，以亚太市场为重点，发展西欧市场"的营销策略，先避开跨国公司的锋芒，从边缘市场切入，再慢慢渗透到主流市场。

在布局完成后，南存辉和经营团队下决心做出了另一个重要决策，停掉一切贴牌和低价业务，同时取消与贸易公司的分销模式，以"正泰CHINT"品牌的身份，在海外发展专业渠道合作伙伴。同时精心准备，亮相迪拜、汉诺威等地的专业国际展会，与跨国巨头同台竞技。

迂回伏击的市场策略果然取得了奇效。在2001年意大利国家电力公司的国际项目招标中，面对声名赫赫的国际巨头，正泰在技术、质量、价格等的综合较量中两次胜出，成功将6000万欧元的订单揽入怀中。

随后几年，正泰在国际市场上捷报频传：2002年，在巴基斯坦入围价值1.7亿元的电度表项目；2004年，中标希腊的雅典奥运会新建高速公路项目；同年4月赢得老挝国家电力部电能表国际招标项目……来自区域国家大型企业的认可，让正泰在跨国公司的传统势力范围内打了个漂亮的翻身仗。

低压市场阵地战、中高压市场突围战和国际市场迂回战，正泰在三个战场取得节节胜利，但南存辉依然感受到暗流涌动，围绕在正泰周边的"铁桶阵"勒得更紧了。

在2004年捷克共和国的一个工业展会上，正泰展台正对面的醒目位置，被贴上了一张宣传画，画里是一只猴子正姿态怪异、表情做作地在模仿"蒙娜丽莎的微笑"。它用猴子来讽刺正泰，言下之意是正泰的产品不过都是抄袭和仿制的罢了。

还好，这种做法并没有影响正泰在当年德国汉诺威工业博览会上的受欢迎程度。时任正泰集团国际贸易部总经理张智寰回忆：来正泰展台的客户太多了，很多客户很早就想面对面地交流，短短6天时间，留档的意向客户就多达600多个。

满怀着扩大市场的憧憬，第二年正泰再次踏进汉诺威展厅时，却遭遇到了一场前所未有的危机。就在正常布展的过程中，正泰遭到了当地有关部门的突击检查，不仅被没收了一件还未上市销售的陈列展品，还被强制封锁了展台。

毫无心理准备的正泰团队被眼前这一幕震惊，赶紧寻求主办方和当地合作伙伴的帮助，以期消除误会，重新布展。辗转之后，他们得到了一个无法接受的消息：因正泰被诉涉嫌专利侵权，查封展台，禁售产品！

正泰团队隐约觉得事情没有那么简单，应该与一年前的那宗合资谈判有关。经人调查后，果然印证了他们的猜测。

那是正泰第三次与那家世界500强公司开展面对面的谈判。不同的是，谈判的地点由温州改到了巴黎，谈判对象"升格"成了该集团的首席运营官——一位深谙中国文化并能熟练用中文交流的外国人。为了体现对中国市场的重视，他还取了个中文名字。

在对方看来，与前两次相比，这次的合作提议可谓"诚意满满"：双方共同设立合资公司，股份比例各占50%。在人事安排上，也显得颇为"公平"，合资公司的董事长仍是南存辉，总经理、销售负责人、财务负责人等"实权"要职则由对方选派。看上去双方平起平坐的方案，其实字里行间透着的都是咄咄逼人的霸道：合资公司里，正泰品牌被定位为只在中国市场销售的低端品牌，同时还要承诺放弃国际市场。

正泰显然不会答应。从收购80%的股份，到占股51%，再到股份五五开，虽然每一次谈判，对方都看似在妥协和退让，但限制正泰发展的目的并没有变，"图穷匕见"是迟早的事情。

此后，遭遇打压围堵也成为正泰在国际市场上遇到的常态。在英国，在法国，在意大利，正泰不断地被对方以专利侵权为由告上法庭,并因法院的临时禁令而无法继续在该市场开展正常经营。这样的传票,正泰在那些年前前后后一共收到过 24 张。

与对手交锋多次的徐志武,熟知对方的手段:"目的就是禁止我们的产品进入欧洲市场。几年下来,就算我们最终打赢了官司,也丧失了进入市场的最好时机。这个损失是难以估量的。"事实诚如他所说,正泰赢了诉讼,但也陷入了无休止的消耗战。德国市场被封闭两年,法国市场被封闭近一年,更不用说为诉讼投入的大量人力和财力。

曾经有部分学者乐观地认为,发展中国家在技术进步方面具有"后发优势",可以快速分享到已有的技术成果,从而缩短研发所需要的时间。可事实证明,技术从发达国家向发展中国家的大规模转移并未发生。其根本原因在于,以盈利为终极目标的组织,不仅不会轻易将"制胜法宝"拱手相让,还会大建"专利围墙",进行技术封锁,打压潜在的竞争对手。

要突破老牌跨国公司数十年甚至上百年构建起来的"专利围墙",并非一朝一夕之功。南存辉要求研发团队和法务部门紧密协作,重视专利的申请保护,做深做厚自己的"专利池"。

国际知识产权保护专家约翰·巴顿(John Barton)曾讲过一句话:"发展中国家与发达国家在知识产权方面的差距,不在于制度本身,而在于运用制度的经验。"2006 年,在研发新产品进行专利检索时,研发人员发现,那家世界 500 强公司在中国生产销售的 5 个型号产品侵犯了正泰的专利权。知识产权部门旋即向南存辉和董事会做了报告。

正泰深知，如果发起诉讼，将是一家中国的民营企业起诉世界500强跨国公司，可能会引起舆论的高度关注。公司要求知识产权团队务必进行严肃的论证，不仅要在中国法庭上站得住脚，还要在任何一个国家的法庭上都有十足的获胜把握。

为了确定侵权事实的真实性，正泰通过多方权威法律专家论证其法理依据。

《圣经》故事中，巨人歌利亚所向披靡，人人都认为他无法被战胜。就在他以为可以轻松地碾碎瘦小的大卫时，却被大卫的一枚投石击中面部而亡。

经过数月的调查和论证，结果终于出来了，多方的验证都指向了同一个结论：该跨国公司已构成侵犯正泰所持有的专利权。

正泰决心维护自己的知识产权，这次跨国公司成了被告方。

对方向中国国家知识产权局专利复审委员会提出"正泰专利无效"的申请，但被驳回。

2007年9月29日，温州市中级人民法院一审判决被告专利侵权成立，赔偿正泰逾3.3亿元。对方不服，向浙江省高级人民法院提起上诉。

2009年4月15日，浙江省高级人民法院终审开庭。这场诉讼万众瞩目，欧盟驻华代表团、法国驻华大使馆、美国驻华领事馆等6家驻华机构代表以及44家境内外新闻媒体记者到场，都在屏息等待最终的判决结果。

意外的是，开庭不超过10分钟，审判长即宣布，双方达成庭外和解，诉讼终止。跨国公司支付给正泰的1.575亿元赔偿金，也创造了当时国内知识产权诉讼案的纪录。

2009年8月23日，时任国务院总理温家宝视察正泰。在听完正泰与跨国公司的专利诉讼案的汇报后，他深有感触地说：这场官司我有所了解，打的不是钱，不是钱！①

那一年，中国在入世的第八个年头超越德国，成为世界货物贸易第一大出口国，至今再无别国能够超越。

后WTO时代，中国本土企业在与外资的博弈中，一直处于下风。随着自身实力从弱到强，对市场规则从陌生到熟稔，中国本土企业在一次又一次的短兵相接中磨砺自己。

正泰胜诉跨国公司侵犯专利权案，与同时期的三一重工挑战凯雷收购徐工案等，不无巧合地发生在中国"入世"五年之后的时间段。曾经，人们担心五年"入世"保护期一过，面对外资的降维打击，本土企业将溃不成军，中国市场肯定会被纳入跨国公司的全球版图。可事实证明，他们低估了中国企业，更低估了中国民营企业家的坚毅与韧劲。他们出生草莽，长于微时，打压和挫败对他们来说，如阳光雨露般寻常，只要有一丝生机，就能延续顽强的生命力，向下扎根，向上生长。

长期鏖战，化作凯歌。让正泰与南存辉收获更多的，则是心理上的三重自我超越。

一重超越来自向对手的学习。

在多年的拉锯中，南存辉和经营团队曾经难以理解跨国公

---

① 廖毅，《步履正泰：南存辉亲述创业史》，红旗出版社，2018年。

司一边诉讼一边谈判的做法，一度要求对方如果要谈判，必须先撤诉。交手多了才发现，庞大的跨国公司内部自有一套运行逻辑和管理体系。主导法律诉讼的和负责谈判合作的，互不相交，更谈不上有直接的隶属关系，制度上有意设置的制衡既确保了决策的科学性，也保障了企业利益的最大化。

南存辉将这种理念引入正泰的管理，提升法务和风控在公司运营与决策中的地位，用制度化的管理章程过滤权力行使过程中的风险。其中非常重要的一项，便是在公司章程里规定，公司不允许替外部非关联企业及任何个人做担保，如有提案，必须经2/3有表决权的股东同意才能行使。

二重超越在于放下胜负的执念。

商场如战场，两军交锋，必有输赢，这是南存辉和经营团队最初的理解。面对跨国公司多年的穷追猛打，憋着一口气的正泰上下太想取得一场酣畅淋漓的大胜来释放压抑许久的情绪。但在最后关头，正泰却选择了与老对手和解。

事后，凤凰卫视的资深评论员阮次山在采访中问及此事，想探究其背后的原因。南存辉打了一个比方：在欧美，如果你家院子里的树枝长到了邻居家，对方可能会选择直接向法院起诉，而不是像中国人那样用沟通来解决。这是西方的文化习俗，诉讼对他们而言，只是达到目的的手段而已，这和中国的普遍认知不一样。如果双方要对话而不是对抗，就要学着去理解对方。

压力最大的那段时间，南怀瑾老先生曾多次劝诫南存辉"放下"：秋风落叶乱为堆，扫尽还来千百回。一笑罢休闲处坐，任他着地自成灰。

起初他还不理解,后来悟到了里面的东方智慧。在稳操胜券的最后关头,南存辉和经营团队选择了和解。他们觉得主动和解已经体现了彼此大小、强弱的变化过程,哪怕赔偿金只有一分钱,公道也已经明了。

站在行业的角度,对方是一家全球化的百年企业,如果追求胜诉,把人逼入墙角,这对欣欣向荣的中国市场未必是好事,不如化干戈为玉帛,和气生财。

主动选择和解,带来的不仅是业务的成长,更是心理上的成熟。此后,正泰摆脱了诉讼的束缚,腾出精力在绿色能源、智能电气、智慧低碳等领域大展拳脚,迎来了黄金发展机遇期。

三重超越则是忠于最初的信念。

外资大举进入中国市场的那几年,柳市电器行业的头部企业都与跨国公司有过接触,多数都合资开办过企业,正泰也不例外。当时正泰与一家外资巨头试水合作,生产部分低压电器元配件。对于合作,南存辉和经营团队坚持必须保证正泰品牌的露出。协商到最后决定,所有生产和销售的产品,都使用带有双方品牌名称的联合商标。

然而,这家巨头并不满足于局部的合作,见正泰发展势头迅猛,便提出了全资收购的要约,金额是100亿元。在董事会上,南存辉和董事们一致决定,"不放弃自主品牌、不放弃自主创新、不放弃自主经营"是合作的底线,公司不能卖。

被拒绝的外资公司代表很惊讶,不理解地问南存辉,不少人创办公司后选择卖掉，拿到钱以后可以再去创业。南存辉笑着回答："中国的民营企业是一路磕磕绊绊长起来的，里面不光有我们的心血，还有一份争创世界名牌的情怀和沉甸甸的公众期待。如果把企业都卖了，还拿什么创品牌？"

他引用了自己在 2002 年"CCTV 中国经济年度人物"颁奖现场的感言作为补充：我憧憬，不久的将来，在世界电气之林，有一个响亮的品牌来自中国，她的名字叫"正泰"。

征途　重新出发

地处浙东南的温州，三面环山一面向海。向海而生的背后，是长期交通不畅的困顿。虽然在 1991 年，"胆大包天"的温州商人王均瑶就成立了天龙包机，运营长沙、温州两地的航班业务，但对普通人来说，温州和外界的距离还是过于遥远。

早在 1921 年，孙中山先生在其《建国方略》中就提出了建造金温铁路的构想。直到 1998 年 6 月 11 日，金温铁路终于通车，全长 251 公里，温州"百年不通铁路"的辛酸史得以画上句号。"世间须大道，何只羡车行"，作为金温铁路的催生者，南怀瑾老先生的这句寄诗，表达了海内外温州人此刻复杂的心情。

铁轨在金华与浙赣线相连后，便接入了中国的铁路主干网线。当天首发的"海鹤号"拉响汽笛，宣告温州经济开启新的征途，也预示着"东方商都"温州将更紧密地与世界相连。

2000年，英国广播公司（BBC）的主持人彼得·杰伊来到中国，他正在参与拍摄一部反映世界工业百年发展史的纪录片，特别希望将因改革开放而巨变的中国纳入他的镜头。在实地走访和多方打探后，彼得来到温州，找到了南存辉。在彼得说明来意后，南存辉欣然应允他的要求，参观完公司又带着他坐上了一辆人力三轮车的后座，这是那个年代流行的街头交通工具，加装防雨顶棚后，特别适合在狭小的乡镇中短途穿行。

南存辉带着彼得在柳市走街串巷，向他介绍眼前这个商贾云集、热闹繁盛的"中国电器之都"是如何从一个普通小镇脱胎换骨的。他还用亲身经历还原了从白手起家到事业小成的正泰，它就如千帆奋发的改革开放大潮中的一叶扁舟，赶潮而生，迎潮而立。

朴实的讲解，充满活力的街头，显然给彼得留下了深刻的印象，南存辉也成了这部纪录片中唯一入镜的中国企业家。在最后的成片中，南存辉和正泰的创业史浓缩在五分钟的光影里，向世界展示中国民营经济的蓬勃与朝气，中国与世界的距离越来越近了。

在中国与世界的对话中，除了日常交流用的语言，更为通行的语言则是代表信誉的品牌形象、代表诚信的产品质量、代表效率的管理水平，以及代表实力的资本经验。要迈进即将映入眼帘的全球市场，必然要面对未知的考验，正泰和南存辉选择归零再出发。

世纪之交的中国低压电器市场,竞争的硝烟正浓。此时的正泰还无暇将太多精力投向海外,她要扎紧国内市场的篱笆,首要任务就是保护好苦心经营起来的正泰品牌,打击市场上对正泰品牌的非法冒用。

作为国内低压电器第一梯队的品牌,正泰的产品质量可靠,性能稳定,用户口碑好。1993年,"中国质量万里行"调研组来到正泰,重点考察产品质量和管理。经过专家的评审,正泰于次年成为低压电器行业唯一被贴上"质量万里行"防伪标识的产品。

正因为正泰产品的销路好,所以经常被一些不法商贩盯上,非法抢注商标、仿制产品以次充好等扰乱市场的行为屡禁不止。要捍卫自身的合法权益,南存辉觉得,不仅得是浙江省著名商标,还要成为中国驰名商标才行。

驰名商标是原国家工商行政管理局出台的保护知名企业商誉和产品商标的重要举措。其设立的背景要追溯到1985年我国加入《保护工业产权巴黎公约》(简称《巴黎公约》)。

1987年8月,美国必胜客国际有限公司的"PIZZA HUT"商标被认定为驰名商标,这是中国加入《巴黎公约》后认定的第一个驰名商标。两年后,老字号"同仁堂"成为第一个国内驰名商标。

按照申报流程和评定要求,当时的国家工商行政管理局给驰名商标设定了严格的认定标准，不仅要求提交详细的经营信息和商标资料，还需要通过各方面的考核和评委打分。商标评审委员会将根据企业的产品、市场占有率、公众影响力及用户的质量反馈等，开展综合评定。

由于驰名商标在市场品牌保护力度上有着无法比拟的优势，所以每年申报的企业非常多，但真正能通过评比，获得认证的，只有区区十几个。截至1999年，全国被认定为驰名商标的品牌仅有87个，难度可想而知。

南存辉对此志在必得，亲自担任总指挥，在时任温州市工商局副局长曾云传的指导支持下，组建了专门的申报小组，由营销部、技术部、国贸部、党委、法律事务部、广告公司等一齐参与配合，并由时任集团总裁助理陈建克牵头负责。

自信源自底气。正泰能在市场上脱颖而出，站稳脚跟，靠的就是产品质量。南存辉曾在公司内部立下规矩：宁可少做亿元产值，也不让一件不合格品出厂。此时公司已经全面实行ISO 4000环境管理体系，在同行中最早通过ISO 9001国标质量管理体系标准认证，产品品质过硬，有口皆碑。

南存辉在品牌意识方面，在同时代的企业家中属于先行者。除了主商标，正泰还陆续注册了五个保护性商标，防止他人恶意注册。此外，南存辉还找专业机构重新设计了"正泰CHINT"标识，投入200万元更新制作了统一的铭牌包装，并要求经销商按照统一的品牌视觉对外展示。这些做法在当时的本土品牌中确实是比较少见的。

如今是正泰集团副总裁的陈建克，当时常跑北京。他具体负责申报工作，一天跑好几个不同的部委是常有的事。20世纪90年代末的北京，公共交通还算不上发达，天气乍暖还寒时，寒风瑟瑟，经常把穿着单衣从南方过来的陈建克冻得直哆嗦，有一次在西直门外，因为叫不到车，他硬生生在雪地里站了个把小时。

由于申报标准和要求极为严苛，正泰提交的材料在第一轮就因条件不达标被刷下来。陈建克一边找评审委员会了解原因，寻求补救的办法，一边物色专家辅导，对申报材料逐一进行调整、完善和补充。二次提交的材料终于赶上了评审的"末班车"。

1999年12月29日，正泰获批中国驰名商标，是国内低压电器行业获此殊荣的第一家。

此时距离千禧夜还差两天，距离中国正式加入世界贸易组织还有两年。

1999年，还有两件事长存于南存辉的记忆。一是当年正泰全集团销售收入26亿元，同比增长35%，成为中国低压电器行业产销量最大的企业。二是在阿拉伯联合酋长国，正泰的首个海外办事处——中东办事处成立。

正泰的国际业务，缘起于1992年的广州，那时候25岁的希腊商人萨米·费斯（Samy Fais）随父亲来到秋季广交会寻找商机。年轻的费斯逛了几个展位，发现参展商很少能听懂英语，只能靠手势和肢体语言交流。当他路过其中一个展位时，看了自己感兴趣的小型断路器产品，发现这家销售人员能流利地用英语交谈。费斯多花了一些时间在这个展位上，他被精美的产品手册吸引。在翻看中，有一行字吸引了他的注意，大意是"本公司保证产品质量，如果发现有缺陷的产品，将给客户更换所有产品"。这让费斯记住了这家叫"正泰"的公司。

回国后，费斯通过传真下了一批低压电器的订单，正泰的第一笔国际订单就此诞生。第一次接到来自海外的订单，正泰上下都十分重视，加班加点赶工期，希望能尽早按质交付。看着热火朝天的生产线，南存辉踌躇满志，他觉得这不是一张普通的订单，这是打开国际市场的"金钥匙"，新的征程即将开启。

就在大家把这批产品装箱完毕，准备即日发货时，质检人员发现其中有几件产品的外壳有些异常。比较后发现，是颜色比正常的规格偏黄一些。装船在即，是返工复检，还是照常发货，内部各方产生了分歧。

产品和销售部门认为这只是外观上的小瑕疵，并不影响产品正常使用，况且还只是个别现象，不应该耽误交货日期。质检部门则坚持认为，虽然这是个别现象，但在没有确认的情况下，应该把剩下的已经包装好的产品拆开重新检验。如果要把所有产品返工重验，很有可能赶不上货轮。耽误交货的话，"头炮"变"哑炮"，这种消息在客户中流传开来，影响的不仅仅是一笔生意，而是公司的国际信誉。大家都不敢擅自决定，就找南存辉汇报。

南存辉听后，二话不说，立即要求卸下所有产品，打开包装重新检验，"不能让一件不合格的产品出厂"。在产品品质上，他一刻都未犹豫过。与此同时，他也了解到由于复检时间的原因，无法赶上原计划中的货运轮船。

"要按时交货，还有什么替代办法？"南存辉问。

"赶轮船肯定来不及了，想要不延误，只能用航空快运。但是空运成本太高了，南总，不划算啊……"工作人员解释道。

"空运费是多少？"

"80万元。"

"那就空运！"

南存辉当机立断，拍板用空运发货，增加的80万元成本由正泰承担。在他看来，相比这80万元，客户对"正泰"品牌的信任要珍贵千百倍。

按时收到货的费斯并不知道几千公里外发生的一切。凭借对市场的直觉，他非常看好来自中国的新合作伙伴，在希腊积极为正泰的产品创造更多的市场机会。

不过，新进的产品也有让他觉得不尽如人意的地方。相较欧洲本土的跨国公司产品，正泰的产品确实物美价廉，但要比稳定性和可靠性的话，肯定得败下阵来。费斯抱着试试看的想法，将意见反馈给了正泰。没想到来自中国的反应比他想象的还要积极，在虚心接受他意见的同时，还郑重承诺会持续地改进质量，希望费斯多给他们提宝贵意见。

费斯被正泰的真诚所打动，他向正泰要来了所有产品的详细示意图和原材料的详细数据，并专门添置了小型断路器的检测设备，用来与当地市场的跨国公司产品进行逐项比较。每当发现一个需要改进的地方，小到螺丝、弹簧，大到模具，这个"希腊啄木鸟"都会详细地记录下来，并附上改进的建议，通过传真发给正泰。

这样的"远程指导"持续了多个来回，每次都要发好几张甚至十几张传真，积攒下来，单是传真信件就足足有好几斤重，以至于正泰工程师在回复中打趣道："每次收到你的消息，我都会出一身冷汗。"

一来一回之间，费斯欣喜地发现正泰每批次发来的产品，都比上一批要好，不仅与跨国公司之间的"质量差异"几乎被抹平，在希腊当地的销量也节节走高。

一边是费斯毫无保留、直截了当地"死磕"产品，另一边是正泰上下虚怀若谷、快速响应地"死磕"质量，双向奔赴果然碰撞出新的火花。根据费斯建议生产的一款小型断路器，专门就希腊市场的技术规格和客户需求进行了定制，投放后一下子就打开了市场，很快便占据了80%的市场份额。

在费斯的努力下，正泰在希腊市场的销售额稳步攀升。更为难得的是，正泰正式成为希腊国家电力公司的供应商。

此后的几十年里，就算处在希腊债务危机的低谷中，费斯也一直是正泰在希腊市场的忠实合作伙伴，正泰也始终给予费斯最强有力的信任与支持。

2017年，费斯收到一枚"正道泰兴"金质勋章，以纪念双方紧密合作的二十五年时光。他很珍视这枚勋章，郑重地将它摆在书柜上最显眼的位置，紧挨着正泰那枚最早型号的小型断路器。

两年后，费斯从希腊专程带来一个纯银的帆船模型，回赠南存辉。这不是一艘普通的帆船，是古希腊时期雄伟的三列桨战船，早在伯罗奔尼撒战争中就声名显赫。

古希腊哲学中的"忒修斯之船"的原型也是这种船。"忒修斯之船"给世人提出了一个思想实验：如果一艘航行在大海上的船，因需要维护而不断替换甲板、桅杆、风帆乃至船舱的木板，当所有的部件都替换成新的时，它还是原来那艘船吗？

费斯或许想借这份礼物，向南存辉表达他对"忒修斯之船"的全新理解：如今扬帆国际市场的正泰，与二十七年前初涉国际业务时相比，早已脱胎换骨，焕然一新，如同升级成一艘更换完所有零部件的新船。不过在他看来，没有被替换，也没有被改变的，是对品质的追求和友谊的传承。因为他坚信，这艘船从出发时就没有忘记，自己的名字是"正泰"。

------)•●•(------

广阔的海外市场，让南存辉和经营团队不仅看到了新的市场机会，也愈发清晰地看到自己与跨国公司的差距。想要缩小差距，必然要借助资本的力量。跨国公司能一掷千金开展并购和创新，成熟的资本市场和多元的融资渠道发挥了至关重要的作用。

1997年进行股份制改造后，正泰的整体运营情况良好，应收应付正常，现金流很充裕。由于短期内没有太大的资金压力，正泰甚至都没有太多银行贷款。

一次，南存辉邀请著名经济学家、时任国有资产管理局研究所所长魏杰到公司做讲座。魏杰在讲座中提到，民营企业发展要闯四关：产权结构关、资金来源关、人才引进关和技术创新关。

这给了南存辉很大的启发。他认为通过三次股份制改革，正泰已经把产权结构梳理清楚，明确了所有权和经营权的关系，形成了股权激励机制。从长期来看，光靠自我积累，不是不行，但会拖慢发展的步伐，而且会成为引进人才和技术创新的掣肘。

南存辉把自己的想法和管理层进行了交流，大家都表示支持。1999年7月《中华人民共和国证券法》正式施行，公司上下达成了共识，开始筹备上市。中国股市从当年5月开始行情火热，指数连创新高。

此后的中国股市几经起伏：2001年上市公司"双高认证"计划暂停；同年，创业板筹备搁置；2005年启动的股权分置改革开启了波澜壮阔的大牛市，直至2007年10月16日上证指数到达6124点的顶峰；2008年美国次贷危机引发全球金融海啸，A股未能幸免，以自由落体式跌落；2009年创业板姗姗来迟……

面对这些，南存辉波澜不惊，他对上市并不心急，反而保持着足够的耐心和定力。在他看来，上市只是手段，不是目的。通过上市产生良性的倒逼，促进企业经营，完善现代企业治理，增强自身竞争力，才是他想要的结果。

2004年6月，通用电气前CEO杰克·韦尔奇顶着"20世纪最佳经理人"的光环，带着他的传奇故事到访北京。随后几天里，他在京沪两地举办了四场中国企业领袖高峰论坛，向2000多名中国企业家分享和传授他的管理心得和经营理念。

回顾在通用电气的辉煌职业生涯时，韦尔奇特别提到了"六西格玛"。这个新名词，被其定义为通用电气历史上最重要、最有价值、最盈利的事业。

"六西格玛"是指一个流程中每100万次操作的失误不多于3.4次，最初由摩托罗拉公司倡导，是一种追求"零缺陷"的质量管理方法。通过韦尔奇的管理实践，其演变为一个高度有效的企业流程设计、改造和优化技术，继而形成追求管理卓越性的一整套管理方法和体系。这是韦尔奇将通用电气点石成金的重要法宝。通过实施"六西格玛"，通用电气一年至少减少10亿美元的成本。一时间，国内企业学习"六西格玛"蔚然成风。

对正与通用电气商谈合作事宜的南存辉来说，"六西格玛"并不陌生，对他冲击更大的，反而是双方交往过程中的一件小事。正泰与通用电气经过多轮谈判，准备就旗下的五类低压电器产品开展深度合作。在敲定诸多细节后，通用电气总裁向南存辉解释说：自己没法在合约上签字，因为按照规定，签字需要得到法务部门的批准。

总裁的决定居然需要法务部门的许可，这对南存辉和正泰管理层来说都是颠覆认知的说法。在了解完背后的制度设计后，他意识到真正的管理决策依托的是专业化的能力和制度化的流程，而不是决策者所处的位置。企业管理能力的提升不是单一维度的，而是包含生产、财务、技术、法务等领域的全面专业化。

同时，南存辉也意识到"正泰与通用电气，相似的只有5%，不同的却有95%"，是处在完全不同发展阶段的企业。

既要看欧美的企业，虚心学习先进的理念和做法，也得结合实际、立足实情干好自己的事业。正泰决心凤凰涅槃，通过学习型管理变革，在灵魂深处爆发一场革命，对质量管理、生产采购、财务管理、法务管理、人事管理等各个方面进行"再造"。

这项变革被命名为"凤凰计划"。

——•◦•——

破旧立新，从来不是一件容易的事，新的流程和要求不出意外地遇到了现实中的阻力。要接受美国通用电气公司的企业管理标准，落实精细化管理要求，必须对专业培训内容进行理解和消化，这让不少人产生了畏难和抵触情绪。有人抱怨生产经营已经非常紧张了，再这么搞是浪费时间、浪费精力。还有人认为新制度里的流程要求过于严苛，严格执行势必会影响生产效率。

不满的声音聚集了起来，不少人跑去向南存辉告状。南存辉听完，正色道：在企业管理上，通用电气起步早，得向他们学本事，我们才能超越。

这次对话让南存辉意识到，虽然推行内部管理变革是一个巨大的工程,但成败关键往往在于细节。

自那以后,在正泰的内部会议上,所有参会人员都感受到了一个明显的变化:最前面的主席台不见了,取而代之的是一张发言桌。所有发言人,包括南存辉,都是从台下座位走上台发言,内容也更加精简和有条理,按照工作成果、存在问题和未来规划分模块汇报,直奔主题,落于行动。

从象征权威和层级的主席台,到代表专业和开放的发言桌,小小的细节,让经历过"凤凰计划"的员工多年后依然对此印象深刻。

有了观念上的吐故纳新,之后在生产管理上引入精益生产就变得顺理成章。南存辉请来了铃木重光,他是日本丰田汽车精益生产开创者大野耐一的学生,曾经在丰田体系的爱信精机有过四十年精益生产的实践经验。

铃木重光的试点从正泰配电一公司开始。针对生产现场混乱、交货周期长、人均效率低等问题,他重新设计生产流程体系,并对团队重新编组进行培训,使之熟悉新的操作技能和标准。

为了充分调动员工的积极性,正泰设计了配套的激励措施,拿出年利润的10%用于奖励管理人员,新产品一次性直接经济效益的5%~10%用于奖励技术人员。

经过一年的改造,配电一公司的7条精益生产线实现了显著的一增一降:单人每小时效率多增加8台,生产周期由4小时缩短至20分钟!

涅槃的正泰,不鸣则已,一鸣惊人。2004年9月,正泰成为中国第一家获得全国质量管理奖的民营企业。2007年1月，中国品牌研究院公布"中国最有价值商标500强"榜单，"正泰"商标以28.11亿元的品牌价值成为低压电器行业第一名。

2009年，万事俱备，此时为叩响资本市场大门而十年磨一剑的正泰，决定向中国证监会正式递交上市申请。

上市敲钟，是无数创业者的高光时刻。二十五年前柳市的一家开关小作坊，将要成为一家公众公司，南存辉对此充满期待。他和时任正泰电器总裁程南征一起，带领班子铆足劲头全力以赴。

这一年的12月，是中国过去二十年最寒冷的冬天。南怀瑾先生在太湖大学堂开修禅课，为期七天。他吩咐助手通知南存辉，但言明学习期间必须放下一切杂事，精心研修，不可接听手机、不可请假、不可会客，做不到，不要来。顶着凛冽的北风，南存辉走进南怀瑾开办的太湖大学堂，他决定在这里闭门禅修七日。

此时距离证监会的上市答辩会，仅剩不到一周时间。在上市的最后冲刺阶段，南存辉申请延期的决定，令所有人诧异和费解。

"心空及第归"，南存辉没有多做解释，只是望向大禅堂中的对联，他的心中早已有了答案。

七日禅修结束，南存辉拜别南老，和董事会成员直飞北京，赶赴证监会。路上，有人问南存辉，这次禅修最大的心得是什么。他思考了片刻，给大家分享了一则禅修时南老的"论语新解"。

对于《论语·学而篇》中的"慎终追远,民德归厚矣",一般训诂都解释为隆重厚葬、孝敬祖先能促进风气的淳朴和民德的提升。而南老援引佛教中"菩萨畏因,众生畏果"的思想来解释,认为"终"是结果,"远"是导致结果的最初起因。那么"慎终追远"的意思就是:凡事重要的是起心动念,与其追求好的结果,不如追求好的开始。

人生如此,创业亦如此。大家恍然大悟,明白南存辉的禅修,为的是初心。

几天后,证监会传来好消息,正泰上市获批通过。

2010年1月21日上午9点30分,正泰电器A股在上海证券交易所挂牌上市交易,发行代码601877。鸣锣的那一刻,南存辉笑得很灿烂。

这一年,中国GDP总量超越日本,成为世界第二大经济体。

秦朔对话南存辉

秦朔: 从低压到中高压,到成套装备,到太阳能,正泰在做大做强的同时,我们感觉也很克制,没有那种刻意争第一、做老大的执念,这在民营企业当中还是比较少见的。在这方面,您的经营理念和心得是什么?

南存辉: 做任何决策,归根结底还是要更加注重市场逻辑,要实事求是,要敬畏规则,要保持平常心。如果说有经营心得的话，我的决策基线只有一条——"为了安全、健康、可持续发展"，而不是刻意为大而做大，刻意为名而出名。

做任何产业，都别想做老大，因为没有最大，只有更大。就算做成巨无霸又怎么样，再大也总是会到头的，弄不好最后还会被"反噬"，这就是熵增原理。而且越大的话，消耗也越快。我经常讲，蜡烛是点着烧得快，还是扔到火里烧得快？这和经营企业是一个道理。

比如说公司里重大的并购项目，我会要求团队除了看人家的产品和技术，还要看基因，企业的基因对了，就容易整合消化。基因不对，就会有问题。总之，是你的，跑不掉，不是你的，吃进去，也还是要吐出来的。

秦朔：很多成功的企业家在性格上都是非常刚毅决绝的，甚至有点专断，属于"说一不二"的类型。您的管理风格是哪种？遇到重大决策有争议的时候，您通常会怎么处理？

南存辉：正泰一直采用的是民主集中制。

民主就是要鼓励大家发言，会议也好，讨论也好，让大家把想法都讲出来，这种沟通是非常重要，也是非常必要的。大家都有特长，可以从自己的专业角度看事物，更加立体。一个人是孤掌难鸣的，而且也容易失察。

当然，对民主也要会分辨。比如让大家发言，大家要么不讲，要么讲得很极端，主要还是因为对事物的认知和看法不一致。这个时候不一定马上下结论，要引导大家把内心的真实想法都说出来。不怕想法不一样，民主往往就是互相让步、取得平衡的结果。

大家都说完之后，最后还是要集中。决策的过程，其实挺令人痛苦的，很多人不明白。我们现在执行的是少数服从多数，举手表决，只要半数通过就行。当然，大多数人都赞同的意见最终也不一定被证明是对的。所以对于不同的意见，我们鼓励大家发表。另外，一定要记录下来。如果将来证明谁的意见是对的，就奖励，如果是错的意见却得到了通过，那就要吸取教训。

内部决策中，既不能是你好我好大家好的温暾状态，也不能变成一言堂。正向激励要多些，反向批评要少些，才能培养共同讨论的氛围。在正泰多年形成的决策文化中，我们倡导开放、融合，尊重不同的意见和建议，但在规矩、原则面前不做妥协，我们称之为"外圆内方"。

秦朔：假设有种情况，您认为战略方向非常正确，必须把握机遇，不做可能会错过，但还是遭遇非常多的反对意见，您的内心会焦虑吗？

南存辉：我年轻时性格很急，后来不太急躁可能跟阅历、年龄有关。曾经有个阶段，要开发一种新产品，到底是买别人的，还是自己搞呢？有人反对自己搞研发，说投入大，见效慢，无论怎么沟通，就是讲不通，没有办法。在产品创新、产业转型的时候，你认为是正确的，在前面建庙，但后面有人拆庙赶和尚的情况也有。这些都是我一路走来的真实经历，有时确实很痛苦，只能反复做工作。

但就算是这样，企业里还是要提倡"尊重成功，包容失败"的文化。打了胜仗，自然好，庆功、嘉奖；对于失败的，也要有足够的包容胸怀，因为失败对我们来说也是一笔财富。

有了文化，也需要有制度建设，刚柔并济，宽严适度。如果包容过宽，一味容忍，养成浑水摸鱼的习气，对企业来说也是很麻烦的。

秦朔： 当时打算做太阳能光伏的时候，听说有很多压力和阻力，开局也并不是很顺利，但您一直很坚定。既然电器主业做得那么好，您为什么还要坚持做太阳能光伏呢？不怕失败吗？

南存辉： 前几年我在公司讲过一个"抛物线周期律理论"，它的灵感来自在农村种田时的"抛秧"。秧苗被抛出去，然后落下来，落到田里，形成了一条抛物线。

产品的生命周期就像这条抛物线一样，从出生，到成长，到成熟，到衰老，然后下行，最后落地，这个规律是不可逆的，躲不过生命周期的。如果企业里只有一个产品，那就只有一条抛物线，做得再大再强，也只能看着它落地。所以企业里需要在第一条抛物线还没到顶点的时候，就有第二条抛物线出来，还有第三条、第四条……形成一条条、一排排奔涌向前的抛物线。

当时选择做太阳能光伏，也是基于这个逻辑，就是寻找第二条抛物线。当时瞄准的大方向就是绿色、低碳、数智，要让企业形成立体的抛物线，所以我是一定坚持这个方向的。

没有夕阳的企业，只有夕阳的产品。如果能在创新产品或服务上保持生命力，那么企业就有可能实现可持续发展。

秦朔： 正泰从电器进入太阳能领域，从薄膜技术，到晶硅技术，再到高端装备，都做成功了。您说自己不懂技术，那对于这种前沿技术的判断，还有最终的技术突破，您又是怎么制定战略决策的呢？

南存辉： 首先我们要尊重专家，相信专业。我讲的是要相信，但不要迷信。因为理论和产业还是有一定距离的，在某些层面上，理论未见得就能与产业相匹配。所以我们要尽力去听，去理解。如果是对的，我们就采纳；不符合实际的，我们可以不采纳，但没必要指责。

用佛陀的话讲，就是要亲身证得。以结果为导向，要去验证它，就是去实践，再去积累经验。实践是检验真理的唯一标准，实践了是真的，那就是真的，骗不了人的。就像鞋子合不合脚，只有穿的人自己知道。

相比研发，我们的优势在产业，要扬长补短。研发通过产业快速试错，产业通过研发实现培育，就这样循环反馈。我们是站在巨人的肩膀上，通过产业的应用，最后实现自主创新突破。

曾有领导来问我，为什么别人没干成的事，正泰干成了。我的回答是，要结合实际，不能照搬照抄。关键就是"听中央的，看欧美的，干自己的"，这是我们这些年来总结的法宝。听中央的，就是按照中央确定的发展方向和政策指引做；看欧美的，就是学习对标欧美一流同行，把好的做法经验学回来；干自己的，就是在大方向之下，立足国情、企情、事情，干好自己的事。

秦朔： 正泰从小到大，一直是在激烈的市场中搏杀成长起来的，但从您个人性格气质上又可以看到和合的文化、中庸的态度，以及对于收放和取舍的独特理解，您有没有可以分享的心得？

南存辉： 要在商业社会中发展，肯定是既有竞争，又有合作。正泰内部把竞争对手叫作"友商"，怎么理解呢？在市场经济里，就算互为竞争对手，也会有时候你买我的东西，有时候我买你的东西，互为甲方，形成"你中有我，我中有你"的关系，这就是"友商"。

市场竞争是一个不断学习、提升认知的过程。最开始，我们面对比自己强大的竞争对手，也会急，也会怕，慢慢地才学会用平常心看待。通过提高自己，逐渐建立自信，通过积累经验，形成自己的经营智慧。有时候大家都挤在一个地方竞争，这时候我们会想，还有什么机会空间，要赶快去寻找新的市场，而不是留在原地继续较真。

就像刚开始做太阳能光伏的时候，我们确实定了一个目标，要做行业前三。但后来交了一大笔学费，才领悟到行业之间的差异很大，要尊重规律，也要回归到正泰自身的战略规划，围绕电的上下游做文章。所以我们调整了策略，制定了"高科技、轻资产、平台化、服务型"经营方针，不再追求规模领先，而是强调安全、平稳、健康、可持续发展。

秦朔：在企业经营中找对人，让不同的人管不同的事，非常关键，正泰在这方面也很有特色，您在这方面有什么考虑？

南存辉：外部求才看机缘。更重要的是从内部培养，通过文化、氛围、流程，让人才能长出来。我们培养管理者看的是"四能"标准，就是能想、能说、能写、能干。能想就是不断思考，有问题导向，有预判性；能说和能写表示思路清晰，能抓住重点；能干就是得培养团队，能带兵打仗。

秦朔：很多企业做大了之后，就会觉得自己无所不能。回顾民营企业发展史，很多企业做着做着就去做房地产、搞金融，正泰一路都坚持制造业，这种坚持是怎么做到的呢？

南存辉：对市场要有敬畏感，要经得起诱惑，耐得住寂寞。房地产大发展的时候，政府确实也给过很多政策，但也得结合自己的情况，看看自己有没有能力做。正泰一直围绕"电"这个主业在做文章，第一不贪心，第二不偷懒，尽力而为，量力而行，只是扎扎实实做好自己分内的事。

当年温州推动金融改革的时候，许多企业找政府申请办银行，正泰一开始没有去申请。被问到为什么没申请，我说不贪心，银行不好办，正泰不懂金融，办不好就要出大洋相。后来政府把办温州民商银行的任务交给正泰，那我们就不偷懒，把银行办起来。虽然银行很小，要达到监管部门严格的安全风险管理高标准要求还有些课要补，但总体还算不错。

秦朔：在正泰上市前，您选择去南老的太湖大学堂禅修的做法，无论是因为回归初心，还是因为敬畏资本，一直是被人称道的佳话。从正泰上市后的表现来看，您觉得当初那种修炼的意义是什么？

南存辉：上市前后确实经历过一番心理过程，我广泛征求顾问、专家等各方的意见。当时负责公司财务的周敬东顾问提出，上市究竟是为了什么？给你一个亿怎么花？其他顾问也提出，上市的目的不是套现，而是更好、更长足地发展。他们建议企业要夯实管理基础、创新能力、可持续发展的竞争力，不要为了上市而上市。

过去我们做决策、干事情习惯从"制造业思维"出发，上市之后，我们逐渐学会了用资本市场的眼光、工具和方法，来分析、研判和做决策，为实业插上资本的翅膀。上市也倒逼着我们用资本市场这一套国际化的、规范化的、高水平的、全透明的要求，不断优化提升，更好地实现可持续发展。

与此同时，正泰始终坚持与投资者共享发展成果，不断回馈广大投资者。2010年上市的时候，正泰电器净利润6.4亿元，到2022年净利润已经超过40亿元，年复合增长率超过15%。这期间我们累计分红147亿元，远远超过当初募资的金额。这也说明我们的初心始终是不变的。概括地说，就是坚持长期做专业的事，积极创造价值，也积极共享价值。

最近几年，我们加大了资产证券化方面的布局，偶尔会看到一些标签化的误读，其实我们最底层、最根本的逻辑是通过资本市场的助力，有效促进科技、产业、金融的深度融合，反哺实体企业往上走，推动科技创新和产业升级。

03 正和共生 2011—2024

"碳"索 光的价值

2010年5月，如果有人乘坐的飞机恰好飞过上海的黄浦江，会注意到江两岸的世博场馆屋顶上，有一大片特别的蓝色，菱形和三角形的立体构图如同波光粼粼的海洋，与蓝天白云交相辉映。

整片的"蓝色海洋"正是经过专门的景观设计的太阳能光伏组件群。上海世博会是历史上首届提出"低碳"口号的世博会，太阳能光伏发电绝对是展会的一大看点，世博会成了前沿光伏技术展示的舞台。

这座百分之百由中国设计和制造的世博"太阳城"，耗资高达2亿元。如此大的投入，除了呼应世博主题，展示未来低碳的美好城市生活，背后隐含的最大意义，可能是给所有中国光伏企业投身国内市场打造了一个"样板间"。

正泰太阳能正是这座"样板间"的建设者之一，承担了光伏建筑一体化工程的 60 块太阳能电池板安装工作。项目完成后，黄浦江边又多了一座"三星级绿色建筑"。

那一年夏天，比天气更热的是上海世博会，一票难求，参观者数量更是突破了 7300 万人次。

与上海世博会的盛况相比，中国的光伏产业正经历着冰火两重天。一方面是欧洲传统市场的复苏和美国新兴市场的崛起，让严重依赖外需的中国光伏迅速恢复产能，开足马力接单供货，仅 2010 年上半年的出货量就已经远超 2008 年金融危机前的水平。而另一方面，产能规模的扩大，很快传导到上游的原材料，进口多晶硅价格水涨船高，从价格谷底节节攀升，反弹到了每公斤 80 美元以上，严重挤压了生产制造的利润。

雪上加霜的是，在迟迟难以解决的希腊主权债务问题拖累下，欧洲债务危机爆发，导致欧元加速贬值，欧元兑人民币汇率从年初的"10 字头"快速跌落至"8 字头"，贬值率高达 16%。欧洲是中国光伏企业最大的市场，有 80% 的中国光伏产品销往欧洲，相关企业无疑受到了惨烈的负面影响。

行业的巨幅震荡，考验着每个从业者的心理承受力。据当时全面负责正泰太阳能工作的王永才回忆，那段时间他的血压一直处于高位，曾在家里的沙发上晕倒过两次。有一次在出差过程中，血压竟升到 200mmHg 以上，他直接晕倒在机场。

这让王永才重新审视光伏同行面临的进退两难的窘境，更坚定了正泰光伏产业向下游电站延伸的决心。

正泰新能源开发有限公司于2009年10月成立，是业内少数拥有电力工程总承包资质的新能源企业。南存辉给这家公司的任务很清晰：兵分两路——一路在国内，一路去国外；一个目标——建电站，收电费，卖服务。

虽然避开了上游的白热化竞争，但作为建电站的先行者，正泰依然面临诸多未知的考验。

首先遇到的是资金投入问题。宁夏石嘴山光伏电站是正泰在国内建设的第一个集中式光伏发电项目，首期的10兆瓦项目投资金额就高达2.4亿元。

施工环节也并非一帆风顺。由于缺少经验，只能边摸索边施工，比如在一期工程中，为了确保设备能在西部恶劣的自然环境下正常使用，使用的光伏电池板支架比常规的更长更粗。另外，为了满足10兆瓦的体量，便划分了不同区域，分别使用单晶、多晶和薄膜产品。到了施工环节发现，要确保光照充足，组件间距就得比原计划更宽，导致有些区域不得不采取混用的方式。

打通全产业链也是正泰在建光伏电站时需要攻克的难题。在第一期建设中，为了保证质量，电站的逆变器采用的是一家欧洲公司的产品，可实际上不仅效果不理想，而且负责维护检修的工人要半个月才能到现场。逆变器是电站中的关键零部件，负责将光伏发电产生的直流电转化成交流电。

逢山开路，遇水搭桥。负责研发和生产集中式大型逆变器的正泰电源于2009年成立，成为国内最早研发生产光伏逆变器的企业之一。凭借强大的产业链整合能力，到了建设石嘴山项目二期的时候，正泰所用的电池板、逆变器、电缆、各类电器已经全部由自己生产。

直到2010年的6月，国家发展改革委发布了总计280兆瓦的光伏并网发电特许权项目招标公告，国内光伏企业的"西部大开发"才算正式拉开序幕。而到这一年，"提前抢跑"的正泰已经先人一步，在宁夏、青海、甘肃等地部署了总计1.8吉瓦的电站投资项目。在西部着力耕耘的正泰，让国内光伏产业看到了新的希望，也给当地经济带来了新的增长点。

一次在宁夏石嘴山举办的光伏产业论坛上，当听完南存辉以"光辉照耀的事业"为主题的演讲后，一位当地听众递上纸条，称赞他的演讲"不仅让大家了解了正泰，还推介了石嘴山，更让大家对光伏产业的未来充满信心"。准备将光伏作为新能源支柱产业之一的当地政府，更是对此高度认同，直接将"光辉照耀的事业"当作经济崛起的口号。

除了在国内挺进大西部，正泰的另一支团队在王永才的指挥下，由当时负责正泰光伏海外投资事务、现任正泰新能源董事长的陆川率领，正马不停蹄地抢滩海外市场，开始在韩国、欧美、中东、泰国等地接连布局光伏电站项目。

2010年，由陆川担任项目经理的正泰第一个海外电站在韩国建成。它的历史意义，不仅在于克服了思想观念、法律法规、对外投资、政策协调及团队工程建设能力等带来的重重困难，更在于开启了正泰新能源在海外开发、投资、设计、建设、交易、运维的崭新篇章。

------·•·(------

当时中国企业在海外投资光伏项目有好几种细分模式，比如项目权开发、EPC（工程总承包）、持有项目进行运营等。其中，项目权开发资金投入比较低，EPC则要承担相对较高的责任和风险，特别是在银行提供贷款的资金审批方面。在权衡各种模式的利弊后，陆川团队向南存辉建议选择正泰作为投资人的模式。陆川认为："我们做业主，可以请当地靠谱的、银行认可的EPC来做项目，也能对工程质量和并网时间严格要求，掌握主动权。"

即便选择了风险可控的投资人模式，但在海外建电站依然不可避免地会遇到无法参考国内经验的情况。比如在泰国市场，有时会出现这种情况：上午给员工发完工资，下午人就不见了，团队的组织纪律性与国内有天壤之别。一个100兆瓦的项目，在国内可能只需要3个月就能建成完工，可在泰国，时间就要翻倍到6个月。施工周期不确定，有可能错过当初预定的电价，这对精准测算资金回报的光伏电站来说是个不确定性很高的因素。

但对正泰挑战最大的，还是海外市场环境的不确定性，加上短期的政策更迭，让原本就受周期影响波动的光伏行业振幅加剧。

保加利亚是正泰早期进入的市场，当地属于典型的地中海气候，夏季干热少雨，冬季温和湿润，阳光充沛，特别适宜发展太阳能发电。此外，保加利亚加入欧盟后，响应发展绿色能源的倡议，在2011年5月颁布了新的《可再生能源法》，将太阳能发电列为优先并网，并给予了长达二十年的优惠收购补贴。

有了如此优厚的政策托底，正泰很快决定在这里复制国内的成功模式。2012年6月12日，陆川团队经过两个半月的项目建设，终于在保加利亚建设完成了装机容量50兆瓦的太阳能光伏发电站，并成功获得了当地政府执行的补贴电价。可补贴政策仅仅执行了3个月，随着大量光伏电站并网发电，电网投资和运行费用大幅度增加，保加利亚能源水利监管委员会突然决定对包括光伏电站在内的可再生能源发电项目征收临时并网费，并将追溯期往前推到了2010年4月1日。按照这项规定，正泰需要按月额外缴纳占电价比例39%的并网费用。

这对于依靠银行贷款周转并精准计算投资回报周期的光伏电站来说，相当于把原本的盈利模型推倒重建，导致公司将不可避免地背负计划外的沉重资金压力。此时木已成舟，有再大的困难也只能往前走，去寻求解决办法。保加利亚的政策调整，缺乏法理上的依据，对在当地投资建设的多国光伏企业都造成了严重影响，引发了轩然大波。为了维护本国企业的合法权利，中国、美国、德国、法国、韩国、意大利等15个国家的驻保加利亚大使馆联名致信，向保加利亚政府就此事表达严重关切。与此同时，多家光伏企业也与当地的光伏协会取得了共识，联合向欧盟进行申诉。

经过长达9个月的多方斡旋，保加利亚最高法院最终判决支持正泰等企业的合理诉求，撤销了并网费用，并将此前取消的补贴费用悉数返还，使得当地光伏电站的运营重新回到了正轨。

令人满意的结果让陆川团队焦灼的心终于放松下来，但南存辉却从这个案例中察觉到了风险：随着保加利亚可再生能源的快速发展，政府的补贴必然逐步淡出，届时激烈的市场竞争肯定会进一步吞噬先发优势带来的利润。

经过对当地市场的谨慎研判，南存辉同意陆川等提出的逐步转让保加利亚光伏电站股权的建议。一方面通过回笼资金，将长期的投资分解转变为短期收益，提前锁定投资收益；另一方面通过降低股权比例，有效控制政策不确定带来的风险。

经过短短几年时间，正泰从光伏制造的红海中摸索出一个"正泰模式"：以开发投资光伏电站为抓手，培育打造光伏电站开发、设计、投资、建设、运维服务和系统解决方案配套能力，带动光伏组件、逆变器、储能产品和电气设备的销售。后来，这种模式在多地实践验证后，又迭代为将光伏电站做成"产品"的新经营模式。

----◆----

除了欧洲，美国也是一个光伏大市场。彼时奥巴马政府正大力推动以太阳能为代表的新能源发展，正泰计划把"建电站，收电费，卖服务"的模式扩展到美国的时候，却发现困难比预估

的要大得多。

正泰雄心勃勃地开始在得克萨斯州、伊利诺伊州、加利福尼亚州和佛罗里达州等地设立研发机构，开设销售公司，并计划兴建太阳能光伏电站。可美国并没有像欧洲和中国那样设立明确的上网电价，意味着原本在其他市场打磨成熟的盈利模型无法直接套用，导致电站的各项预算要根据各州、各地、各家电力公司的政策进行重新评估核算。

此外，开办光伏电站的审批手续也异常烦琐，通常一个项目落地，需要盖100多个印章。在冗长的审批周期中，对中国企业挑战较大的是"环境评估"。美国的环境评估工作异常细致，对第一次在当地开展施工的中国团队来说是完全不可思议的考验。比如说，电站遭遇洪水怎么办？洪水之后会不会淤积泥沙，会不会出现水土流失？诸如此类的问题纷繁复杂，让初入美国的中国企业极不适应，反反复复却无从下手，开工时间只能一拖再拖。正泰在加利福尼亚州的一个光伏电站项目，从立项到建成，足足花了两年时间。

2011年5月10日，第三轮中美战略与经济对话在美国首都华盛顿举行。在午餐会发言环节，南存辉以中国新能源企业代表的身份发言，希望"加强中美企业间的技术交流合作，促进美国先进技术与中国制造优势相结合"。

可遗憾的是，仅仅半年后，美国商务部宣布针对中国企业光伏产品的"反倾销、反补贴"正式进入立案程序，引发国内光伏企业的恐慌。

如果说美国的"双反"制裁是一记闷棍的话，那么紧随其后的欧盟发起的"双反"制裁则成为对中国光伏企业的"致命一击"。与美国市场不同，欧盟是中国光伏企业最重要的出口目的地，这次"双反"涉案金额超过200亿美元，是美国"双反"的10倍，也创造了有史以来针对中国贸易诉讼案的最高金额纪录。

平日里看似强大而活力十足的中国光伏产业，在"双重暴击"之下一片萧条，迎来了产业史上的"至暗时刻"：曾经风光无两的明星企业跌落神坛，数百家企业资不抵债甚至破产倒闭，投机玩家纷纷贱卖设备，从此退出光伏产业……可就在光伏全行业陷入亏损的2012年，正泰光伏板块凭借稳健的"建电站，收电费，卖服务"经营模式，销售额突破50亿元，盈利达到1.6亿元。

在2013年1月召开的正泰太阳能年终总结会上，时任正泰太阳能副总裁仇展炜在报告中说，在危机下，公司及时调整战略方向，大力发展光伏电站业务，不仅安全"过冬"，还迎来了发展的春天。会上，王永才分析了国内外光伏行业发展现状，鼓励全体员工坚定信心，在清洁能源领域精耕细作，将光伏电站开发和运营做强做大，一定会获得跨越式发展。

————•————

王永才的预言很快得到了验证。在欧美"双反"的施压下，原本要出口的光伏电池组件库存高企，急需找到与之匹配的市场。几乎在同一时刻，国家推出的光伏电站标杆上网电价机制让大批光伏企业转身前往西部淘金，光伏电站迎来了史无前例的大爆发。

标杆上网电价机制设计的出发点，是给光伏电站的投资者锁定未来二十年比较确定的现金收益。但在现实场景中，由于光伏制造业每时每刻的技术进步，光伏组件每瓦成本的降幅会比行政手段导致的电价退坡来得更快，让电站能享受到可观的技术红利。

丰厚的利润就像血腥味对鲨鱼的诱惑力一样，吸引着一大批光伏投资客前赴后继地涌向西部投建电站。有人形容当时的"盛况"："去往格尔木的飞机和火车上，随时都能找到做光伏电站的人。"据中银国际统计，2015年A股上市的光伏制造企业无一例外，全部涉足下游的光伏电站业务。

当所有人一窝蜂地扎进西部建设光伏电站的时候，正泰却出人意料地当起了"逆行者"，将在国内建设光伏电站的主战场从西部转向东部。

2014年4月，正泰与衢州市林业局、江山市人民政府、江山市林业局等进行对接并确定了合作项目，这是正泰新能源在东部地区投建的第一个地面光伏电站。

江浙一带的日照资源与西部相比，自然禀赋确实差距很大，也就意味着光伏年发电小时数偏少，投资后获得回报的时间更长，这是很多人不愿意在江浙投资建设光伏电站的主要原因。

南存辉并不这么看，他对电力能源市场有着自己的见解。

首先，东部特别是江浙地区经济发达，对于电能的需求量也高，在西部建设光伏电站发电并网再传输过来并不经济，如果能就近发电、就近消纳，可以实现电厂、电网和产业方的三赢。

其次，当时的标杆上网电价，其实被分为两个部分，一部分是当地脱硫煤发电的价格，由电网实时结算，剩下的差价则由国家补贴，施行的是到期阶段性结算。前者相当于投资的短期利息收益，后者则比较像投资的定期分红。江浙地区的脱硫煤发电成本比西部更高，也就意味着电站能获得的确定性现金流会更加充裕，可降低日常运营对补贴的依赖度。

最后，是土地的使用效率。西部地域广袤，但自然条件比较恶劣，尚不具备光伏带动其他产业的基础。江浙一带则正好相反，可供开发的土地资源有限，使用成本也高，不过农业和旅游业是当地特色产业，为"光伏+"创造了良好条件。

"板上光伏发电，板下现代农业"，正泰专门在江山当地成立了隆泰农业开发有限公司，聘请农业技术人员打理太阳能光伏板之间的立体空间，种植了各种中草药、特色水果和有机蔬菜，还因地制宜地在部分地块饲养了鸡、鸭、鹅等家禽。种植农作物创造的温润的土地环境可以有效改善光伏组件的"热阻效应"，也树立了"农林光互补"的样板。

2015年11月，经过一年多的紧张施工，正泰江山200兆瓦光伏电站终于顺利建成并一次并网成功。建成后的电站年均发电2亿千瓦时，可满足江山市10万户居民的用电需求，发电收入2亿元，创造财政税收2000万元，带动了近千户农民增收致富。

江山项目负责人、时任正泰新能源副总裁李崇卫介绍说,江山的"农林光互补"项目,不仅成了当地的"金名片",还是名副其实的"绿名片"。从空中俯瞰,连绵起伏的光伏电池板在阳光下熠熠生辉,映衬着硕大的"江山"字样更加耀眼,描绘出传统江南美景与现代科技相结合的"锦绣江山"。2018年底,该项目在国家博物馆举办的"伟大的变革——庆祝改革开放40周年大型展览"上亮相。

有了江山项目的成功经验,正泰将光伏、农业、工业旅游三位一体的"锦绣光伏"模式带回了家乡温州,在温州浙南产业集聚区瓯飞围区兴建泰瀚550兆瓦的渔光互补项目,于2021年6月建成并网发电。这次正泰因地制宜地将光伏发电与渔业养殖结合起来,形成了"板上发电,板下养鱼"的水域开发新模式,不仅提高了单位面积海域的经济价值,还减少了资源消耗,为浙江打造东部蓝色产业带注入了新的活力。

作为当时国内单体规模最大的海上光伏项目,这座电站预计平均每年可发电6.5亿千瓦时,年均产值约3.35亿元,年均上缴税费超过5000万元。与相同发电量的火电站相比,该电站每年可节约标准煤约23.5万吨,减少二氧化碳排放量64.8万吨。

2024年6月,第一次来到泰瀚电站考察的中国工程院原副院长、院士杜祥琬表示,这个电站收获的是真正绿色低碳的电力,很值得在中国推广。中国科学技术协会原副主席、国际欧亚科学院院士冯长根说,绿色能源是人类追求的理想之一,这个电站的重要性不仅仅在于它是一个绿色能源产品,更重要的意义在于，它是人与自然和谐发展的探索。

<hr>

就在正泰布局东部光伏电站的时候，西部电站大规模无序建设的弊端逐渐暴露，补贴拖欠、路条倒卖、弃光增加等问题如同三座大山压得早期投资者举步维艰，投资开发的热度也随之下降。

西部是正泰建设光伏电站的起源地，虽然此时正泰的光伏电站已经在海外和东部开花结果，但那个"梦想开始的地方"始终让她牵挂。

甘肃省民勤县位于河西走廊东北部、石羊河下游，巴丹吉林和腾格里两大沙漠在此"握手"，自然条件异常恶劣，"飞沙走石满穷塞，万里飕飕西北风"便是其真实写照。

2013年，习近平总书记在甘肃考察时特别强调："要实施好石羊河流域综合治理和防沙治沙及生态恢复项目，确保民勤不成为第二个罗布泊。"[1]

尽管当地采取了工程压沙、人工造林、封沙育林等措施大力治沙，但成效极为有限。2013年，正泰在民勤县红沙岗镇启动50兆瓦的光伏电站建设。在建设之前，占地1.2平方公里的土地寸草不生。针对当地防沙治沙的要求，施工团队通过实地考察将

[1]《省委省政府印发〈甘肃省黄河流域生态保护和高质量发展规划〉》，《甘肃日报》，2021年10月27日。

沙漠作物生长与用水、固沙与发电相结合，在光伏电池板下面引进了一种叫"沙葱"的特色作物。由于电池光伏板列阵能有效地降低风速，同时也可以隔绝太阳光对地面的直射，为沙葱的生长创造了适宜的"小生态"，不仅植株的长势高度达到了30厘米，电站区域也逐渐实现了全面绿化。

在距离红沙岗镇西南120公里的甘肃省金昌市永昌县，正泰快速在当地复制了"光伏发电+生态治理"的模式。200兆瓦光伏电站的建成，不仅使得方圆6平方公里的戈壁荒漠实现了全面绿化，而且种植的特色作物"羊胡子"还具有很高的营养价值，让附近居民分享到了光伏治沙带来的经济效益。

2021年10月26日，德国雷姆沙伊德，由联合国工业发展组织（UNIDO）发起的"清洁技术和可持续土壤治理创新解决方案全球呼吁"颁奖仪式在此举行。评审团经过审议，一致决定将"可持续土壤治理"案例奖项颁给正泰新能源，以表彰其对内蒙古库布齐沙漠的土壤治理做出的贡献。

被称为"死亡之海"的库布齐沙漠位于内蒙古的鄂尔多斯高原，历史上这里曾经是"风吹草低见牛羊"的肥美草原，然而由于过度开垦，从明、清两朝开始，这里的土壤逐渐沙化，最终退化成沙漠，一到北风呼啸时，沙尘遮天蔽日。

当地的村民回忆说，每当狂风来袭，沙粒飞扬，天昏地暗，无人可以立足，就连平时很温顺的骆驼都会被吓跑，再也找寻不回来。除了沙漠，能垦种的地方仅有几块盐碱地，庄稼种不了，人们只能靠种玉米当口粮，解决温饱之外，再无其他收入。

贫瘠的土壤长不出庄稼，却有着满满的阳光覆盖。库布齐沙漠每年的日照时间长达3180小时，太阳能资源得天独厚，正因如此，正泰早在2011年便选址在这里开工建设310兆瓦光伏电站。到2016年全部建完并网时，这个电站年发电量超过5.5亿千瓦时，相当于一年节约标准煤约10.33万吨，减排二氧化碳约28.61万吨、二氧化硫约9390吨、氮氧化物约4695吨、粉尘约8.5万吨，节约用水56.34万吨。

在沙漠上整齐排列的110余万块光伏板，除了发电，也能有效防风挡沙。光伏板下种植的植物，发挥着固沙和减少水分蒸发的作用。据统计，电站建成以后，每年该地区减少水分蒸发量800毫米，降低风速1.5米/秒。水分蒸发大幅减少，则可以保留更多的地下水，再加上清洁光伏板的水落下来作为灌溉用水，为植物的存活创造了条件。此外，在建设之初平整土地时，为了让支架稳固，会在沙地里混入些红泥，也为植被的生长提供了养料，土壤肥力逐年增加，土地也由荒沙逐渐变为良田。

杨凤祥和妻子是当地村民，外出打工的他有一次回乡探亲，对沙漠中巨大的光伏电站产生了好奇。在了解到可以在光伏板下务农时，他们便留了下来，开始在这里种庄稼、搞养殖。他们每天见证着生态环境的改善，如今他们的玉米地已经扩大到100多亩，紫花苜蓿也有20多亩，主要用来作为鸡、鸭、鹅的饲料。正泰为像杨凤祥这样的村民免费提供所需要的电、水和住宿，不仅帮助他们在那里定居，安心搞生产，还负责家禽的销售。一年下来，杨凤祥的收入可以达到10万元以上，是过去打工的好几倍。

与杨凤祥一样，依靠这座光伏电站实现脱贫的当地农牧民还有不少。通过流转租用农民土地的方式，正泰一共帮扶了800多户贫困户。此外，正泰还聘用了57户贫困户到电站工作，通过清洗光伏板和种植板下植物，每户贫困户的年收入也可以达到3.5万元。

源于正泰人的坚持，库布齐沙漠光伏电站项目不仅成了中国首个光伏治沙示范项目，还在2020年获得联合国防治荒漠化公约组织（UNCCD）的认可。在宁夏、青海、甘肃、内蒙古等地的广袤土地上，发轫于浙江的"锦绣光伏"在无人的荒漠种下太阳的种子，开出了生态的花，结出了致富的果，让"治沙+种草+养殖+发电+扶贫"五位一体的复合生态光伏模式在西部牢牢地扎下根。

用"士别三日，沧海桑田"来形容日新月异的中国光伏产业毫不夸张。从21世纪初的"三头在外"，到2015年底中国光伏累计装机容量达到43吉瓦，超越德国成为世界第一，不过短短十余年时间。

就在这一年，光伏发电装机结构悄然发生着变化，分布式光伏电站的装机量大幅提升，已经占到总量的16%以上，江苏、浙江、山东、安徽的分布式光伏电站规模已超过100万千瓦。所谓分布式光伏，就是指在用户场地附近建设，运行方式以用户侧自发自用、余电上网，且在配电系统平衡调节为特征的光伏发电设施。

2013年6月29日竣工并正式并网发电的杭州火车东站屋顶分布式光伏电站便是正泰的代表作之一。

杭州火车东站属于我国大型铁路枢纽，在长三角的铁路交通中扮演着极其重要的角色。分布式光伏电站要在车站"钱江潮"的造型顶部施工安装，总装机容量10兆瓦，总投资2亿元，覆盖杭州火车东站站房及南北雨棚屋面，需要安装光伏组件4.4万块。项目由屋顶光伏发电方阵、电气分站房、开关站和中央控制室四部分组成，正泰在提供光伏电站整体解决方案、供应整套设备的同时，还负责该项目的工程建设和发电运营管理等。

面对当时亚洲最大的单体建筑光伏发电项目，正泰成立了项目组，专门到施工现场进行详细勘验。由于屋顶光伏项目与东站主体建筑施工同时进行，因此对工序有相当严格的要求，每个环节都环环相扣，既不能随意调整，还要按时保质交付，这就意味着超常规的沟通成本和精准的时间管理。

项目组的同事索性在杭州东站旁边租了一间房子，除了睡觉，几乎全天蹲点跟踪项目。为了抢时间，他见缝插针，利用施工的间隙，提前准备配电房、通道等后面的工序，目的就是不浪费一分一秒。

一连8个多月里，施工人员每天上下屋顶都要爬过50米近乎垂直的脚手架，虽然异常辛苦，但他们内心对这个亚洲最大的单体建筑光伏发电项目成功并网充满了期待。完工那天，项目组成员匆匆地吃了顿饭，连像样的庆功会都没有举行，便转身奔赴远方，去点亮下一个光伏项目。

在他们身后，是杭州东站光伏电站的亮眼数字：年平均发电量1000万千瓦时，能满足杭州市约5000户城市家庭近2万人全年的用电需求，每年节约标准煤3400吨，减少二氧化碳排放9970吨、二氧化硫排放300吨、粉尘2720吨，节约用水2万吨。

2016年9月，G20峰会在杭州举行，这不仅是一场举世瞩目的主场外交，还是中国向世界传递绿色、低碳、可持续发展理念的最佳实验场。以杭州东站光伏电站等为代表的一系列可再生能源投入应用，使得G20杭州峰会成为历史上首个零排放的G20峰会，"G20蓝"也成为令人称道的美好回忆。

杭州东站光伏电站的成功，让经营团队看到通过建筑开展新能源利用的无限可能。随后正泰陆续为宁波金田铜业、杭州海康威视、温州人本集团、杭州火车南站、北京麦当劳零碳餐厅、新加坡F1赛车场、澳大利亚昆士兰州Almax Aluminium公司等建设了分布式光伏电站项目。

城市让生活更美好，光伏让城市更洁净。能源的变革正在城市里悄然发生。

由于投资光伏电站起步早，加上具有全产业链整合能力，正泰在光伏电站的发展规模上曾经一度领先，但随着内外部环境的

变化，正泰适时调整战略定位，不追求规模最大，而是注重模式创新。对于排名的升降，南存辉显得非常淡然，他对团队说得最多的话是："不必刻意追求排名，最后看的是你能走多远，而不是走多快。"

从跨界而来的"新手"，到历经跌宕的"幸存者"，南存辉始终不徐不疾，用平常心看待风云起伏，同时也用敬畏心专注光伏事业。当别的企业把电站当作"现金奶牛"的时候，正泰则把光伏电站当成一个产品在运营，既可以卖地面电站产品，也可以卖分布式电站产品，还可以买各类光伏电站。把电站做强背后的逻辑，其实是把这个"产品"做得更优秀，把光伏组件、开关、电源、逆变器等组合在一起，让这个产品具备最佳的性价比、最强的市场竞争力，这才是正泰的核心能力所在。

有这份定力和洞见，就能做到在人声鼎沸时不贪心，在无人问津时不偷懒，这或许是南存辉能专心烧好光伏这壶水的经营之道。

不过平常心并不代表没有进取心。南存辉和团队想的，是以平常心做不平常的事。"户用光伏"就是一件用平常心做成的不平常的事。

里夫金在《第三次工业革命》中说我们要重新认识构成世界的一砖一瓦，因为有可能未来每一处建筑都将成为一个迷你的可再生能源采集器。未来，家庭居民可以在自己的房顶上安装太阳能电池板，这些电池板能生产出足够的电力，满足房子所需的电能。如果有剩余，则可以出售给发电厂。

进入光伏新能源领域近十年的正泰，决定去将这个预言变成现实。

在国内还几乎没有企业重视户用光伏市场的时候，陆川团队敏锐地发现，户用光伏市场将会成为蓝海市场，应当尽早布局。南存辉采纳了他们的建议，于2015年注册成立了专做户用光伏市场的正泰安能公司。经过两年探索，正泰选调当时负责海宁光伏制造工厂的卢凯为总经理，低压电器销售中心的朱建波为副总经理，发力深耕户用光伏市场。

光伏电站模式中最难做的当数户用光伏了。一是当时银行没有金融服务产品支持该模式发展，二是户用光伏的特点是户数多、块头小，需要大量的人力投入，一家一户地上门推介。刚开始，老百姓对此完全没概念，不相信、不接纳，问：你这产品能正常发电吗？发了电能不能收到电费？出了故障怎么办？有安全风险怎么办？……

经营团队意识到，在没有建立口碑、信任之前，让农村居民掏腰包花几万元购买一套户用光伏系统是很难的，要想大规模推广并普及户用光伏，必须采取新的方式。由正泰采买光伏系统，免费安装在屋顶，电费收益则由农户和正泰共享。这种模式，后来被市场普遍应用，也有个在民间更加流行的名字："租屋顶"。这种模式不仅开拓了光伏发电的新场景，也给"光伏富民"提供了新思路。

恰在此时，户用光伏的政策东风渐强。2016年9月，浙江省政府印发了《浙江省人民政府办公厅关于推进浙江省百万家庭屋顶光伏工程建设的实施意见》，提出 2016 年到 2020 年，围绕美丽浙江和国家清洁能源示范省建设的目标，全省计划建成家庭屋顶光伏装置 100 万户以上，总装机规模达到 300 万千瓦左右。

地处衢州龙游的芝溪家园便是首批受益的示范点。芝溪家园是当地的一个移民新村，由 7 个行政村组成，共有约 1200 户农户。移民前，村庄的村集体经济收入都比较薄弱，搬迁到芝溪家园后，因为客观条件所限，村集体经济收入几乎为零。

接到这个任务后，正泰安能的工作人员对芝溪家园的村民进行了走访，一方面普及光伏知识和长期收益模式，另一方面也听取想法，打消村民的顾虑。刚开始的时候，村民对什么是光伏完全陌生，有的则听信传闻认为光伏电池板有辐射，还有人觉得安装久了屋顶会漏水。为了让村民装得放心，用得安心，正泰安能派出专人讲解。为了增强说服力，他们有时候还会拿出测量仪器，亲身示范，终于让村民接受了光伏这个新事物。

在村民的口口相传下，芝溪家园里 90% 以上的屋顶都安装了户用光伏电站，总装机容量达到 4 兆瓦，每年发电量超过 400 万千瓦时，相当于户均发电 3300 千瓦时，成为浙江省单个小区面积最大、户数最多、安装率最高、施工时间最短的户用分布式光伏项目群。

在 2017 年哈萨克斯坦阿斯塔纳世博会上，来自芝溪家园的"金屋顶"走出国门，代表中国民用光伏规模化应用的经典案例展出，村民们的自豪感又多了一分。

位于河南东北部的兰考县，曾经因治理盐碱地孕育了闻名全国的焦裕禄精神，也曾是全国贫困县。在新能源时代，正泰利用当地村民的闲置屋顶安装户用光伏电站，通过"光伏扶贫"为焦裕禄精神注入了新的时代内涵。

村民李俊超家的院子和屋顶共安装了200多平方米的光伏发电板。他算了一笔账，在阳光充足的夏季，每天可发电200多千瓦时，就算在冬天，每天也可发电100多千瓦时。除了满足自用，剩余的电卖给电网，每月还有数百元的收益，相当于每年多种了两亩地。

"以前家里冬夏都舍不得用空调，主要原因是电费太高，现在用电完全可以做到自给自足。"李俊超说，以前在夏季用电高峰时期，停电是家常便饭，自从搭建了"光伏屋顶"，停电问题基本得到解决。

短短三年时间，兰考县安装了114个村级电站，超过6000户户用光伏，总装机容量已经超过35兆瓦，年均发电量约3536万千瓦时，相当于每年减排二氧化碳约37 720吨。

现任正泰安能总裁的卢凯，2017年开始接管这项业务，亲历了户用光伏在浙江孕育模式，再到山东、河北、河南复制验证的全过程。据他回忆，一开始，国内户用光伏市场并不起眼，正泰安能选择默默地埋头耕耘。

市场是最好的试金石。正泰创造的"免费安装、共享收益"模式受到了市场的普遍欢迎，户用光伏如星星之火，开始在神州大地呈现燎原之势。正泰也快马加鞭，成为业内开发速度最快、并网效率最高、项目数量最多的企业，"户用光伏，首选正泰"

的名声不胫而走。

经过长期对光伏电站的投资和经营，南存辉深知"弱水三千，但取一瓢"的道理。与国企相比，民营企业在资金实力、社会资源、借贷成本上都不占优势，但这些恰恰是将来投资大型光伏电站这类重资产项目的必要条件。民营企业的特点是灵活和快速，对于那种售后要求比较多、看重服务质量、需要及时响应的项目会更具有优势。比如说一个农户家的逆变器出现了故障，考验的是运维的响应能力、维修的专业能力以及备件的管理能力。

定位为户用管家的"小安到家"就扮演着这个角色，它是正泰安能在2022年推出的数字化智能光伏运维服务品牌。3000多人的专业光伏运维团队，维护着正泰在国内23个省级行政区的业务，服务的用户量超过100万。通过物联网技术和正泰安能智慧云平台，可以实时监测到联网户用光伏的运行情况，每天光伏的发电量、能耗指标、设备收益等一目了然。此外，对于设备运转异常的，系统会发出故障预警，并根据响应范围自动向运维人员派单，如同光伏版的"滴滴打车"一般，免去了用户长时间等待的烦恼。

基于这种从资产驱动向服务驱动的差异化转型，正泰在户用光伏领域奠定了市场领先地位，也幸运地扛过了"531新政"的冲击。

2018年6月1日，国家发展改革委、财政部、国家能源局联合印发《关于2018年光伏发电有关事项的通知》，因文件落款时间是5月31日，业界称之为"531新政"。这份文件叫停了当年需要国家补贴的光伏电站建设，同时还大幅降低了光伏全电量的补贴额度。

面对突如其来的问题、挑战和将导致的经济损失，正泰没有选择回避和退缩，而是连夜组成专项工作组，奔赴全国一线，不计成本损失，积极配合国家电网。不仅将正泰经销商、用户的工程全部落实，还接手了没人管的"孤儿电站"，提供全程建设和运维服务。正泰在特殊时期展现出来的行业担当，得到了有关部门的高度赞扬。

顺利突围的背后，还有现任正泰财务负责人林贻明等基于"产融结合"的金融创新——通过把上百万的户用用户作为整体，将收费权及运维的系统和服务网络打包，向银行申请融资租赁贷款。林贻明介绍说，银行研究后认可了这种创新模式，这也开了户用光伏行业的先河。

根据国家能源局的统计，截至2023年9月，全国户用分布式光伏累计装机容量突破1亿千瓦，农村地区户用光伏已经覆盖500万户，成为冉冉升起的"光伏新势力"。

近年来，正泰安能更是在"双碳"和"乡村振兴"两大国家战略号召下，凭借强大的产品及技术优势，先发的渠道优势，智能化、数字化资产管理体系优势，高效的供应链管控优势，显著的品牌优势，打造了"正泰安能+光伏星+小安到家"三大品牌第一增长曲线"主力军"和"绿电家+PVSTAR+正泰安能智电"三大品牌第二增长曲线"生力军"，无可争议地成为中国户用光伏市场的领跑者，同时也是全球最大的户用光伏运营商，连续多年保持规模和市占率行业第一。每天太阳升起来，正泰就要对100多万个屋顶电站进行安全监管和提供运维服务，而这些全部通过物联网平台接入。

截至2024年6月底，正泰服务的户用光伏用户总量超过130万户，每年可为全社会提供380亿千瓦时绿电，减排二氧化碳3100万吨，每年可为每个农户家庭增收1000~3000元，带动农村近20万人就业。

致力于成为全球C端综合能源服务领导者的正泰安能，经过陆川和时任新能源财务负责人林贻明在业态模式、财经投资策划上的推进，时任集团品牌部总经理张帆及陈国良等的接续发力，以及卢凯等安能团队在无先例、无模式可参照的情况下几经波折、不遗余力，开创性地持续探索创新市场业务服务发展模式，获得了长足发展。

2018年11月1日，南存辉和众多民营企业家一起，在北京参加了由习近平总书记主持召开的民营企业座谈会。"民营经济是我国经济制度的内在要素，民营企业和民营企业家是我们自己人。"[1] 习近平总书记的讲话，让正泰对未来坚持在新能源领域持续创新和走向世界充满了信心。南存辉觉得正泰的全球化，不仅

---

[1] 习近平，《在民营经济座谈会上的讲话》，《人民日报》，2018年11月2日。

是产品要走出去，更是技术、管理、品牌、文化等都要全方位地走出去，通过并购整合全球优质资源，不断提升中国品牌的国际影响力。

在2012年欧美针对中国光伏企业发起"双反"后，正泰并没有在国际市场止步，而是始终在思考如何化被动为主动。经过多番讨论与尝试，经营团队将国际业务的策略从"走出去"，升级为"走进去，走上去"。

德国的一家老牌知名光伏企业曾是欧洲最大的太阳能集团，也是全球领先的光伏企业之一。在美国金融危机和欧洲债务危机的双重压力下，这家老牌企业步履维艰，不得不选择在2013年宣布破产。

此时面临欧美光伏"双反"的南存辉，正在寻找市场的突破口，他发现这家公司虽然遭遇经营困境，但其在光伏前沿技术储备和生产制造工艺上仍位列欧洲顶级，具有深厚的底蕴。2014年2月，经过几轮谈判，正泰正式收购了这家组件工厂，这也成为正泰在海外的第一家光伏组件工厂。

对于此次收购，正泰团队是经过深思熟虑的。抓住机遇在市场低谷期抄底核心资产，买的不光是硬件设备，还有全球领先的能力，这对正泰来说，供应链布局、本土化生产、智造能力升级等方面都得到了助益，可谓一举多得。后来，正泰在国内及东南亚等地兴建的光伏工厂均不同程度地参考和借鉴了德国工厂的先进生产方式与运营理念。

在距离德国工厂3000多公里、"一带一路"沿线的文明古国埃及，正泰海外工程师诸葛云的抽屉里珍藏着一枚埃及当地的硬币。硬币的背面清晰地刻画出初升的太阳和连绵的光伏电池板。这是埃及政府为纪念阿斯旺省本班太阳能园区落成发行的货币，诸葛云就是正泰参与的这个当时全球体量最大的光伏项目的负责人。

初到项目工地的时候，诸葛云被撒哈拉沙漠的高温震撼了。这里是世界上最干燥炎热的地区之一，没有四季之分，只有"热"和"特别热"。到了下午，50摄氏度的气温属于"常规配置"，地表温度经常可以达到80摄氏度，在这种极端气候条件下，户外活动已经非常困难，更别说要开展建设、搭建之类的重体力工作。

有着高原和沙漠光伏工程经验的诸葛云稍稍调整了几天，便根据当地的情况和工程进度重新制定了施工方案。他主动调整了"时差"，把施工时间设定为每天凌晨到上午，下午最热的时间段则可以在帐篷里画图纸、做计划。天气复杂多变的撒哈拉经常把诸葛云的计划打乱，沙漠里有时候明明天气晴朗，骤然间就会刮起狂风，卷起沙暴，工人们不得不进宿舍躲避。有时跑得匆忙，没来得及带回工具和收拾材料，等沙尘暴过去再回去寻找，有些已被吹得不知所终。

除了要克服极端的气候条件，海外建设光伏电站更大的挑战则来自文化差异、风俗禁忌乃至宗教信仰，这考验着诸葛云与当地文化交融的能力。

影视作品《我们这十年》中以埃及东部本班太阳能园区建

设为原型的"沙漠之光"单元，真实还原了以正泰为代表的中国企业深入"一带一路"沿线国家，为当地的能源转型和经济发展所付出的努力。其中有一个情节特别有代表性。当地的老村长对建设光伏电站有顾虑，因为他爷爷告诉他，这片土地曾经是棉花田，发现了矿藏后，有人借着资源开发的名义把环境给破坏了，只留下一个无法耕种的矿坑，给整个村子带来了无法挽回的生态灾害。电站建设的负责人为了向村长表达诚意，专门和队员一起为村庄找到了适合饮用的地下水，并出资铺设了自来水管，用行动打消了所有人的疑虑，换来了对光伏电站建设的理解与支持。

事实上，本班项目对周边的老百姓来说，不仅送去了环保的绿电，还意味着一份职业，让他们拥有长久的生计和收入。诸葛云的团队里就聘请了不少埃及当地的管理人员和劳动力。在建设过程中，正泰团队还会给他们进行知识培训和技能辅导，通过输出先进管理经验，促进当地光伏产业升级与产业链建设。

当本班项目顺利交付并网发电，诸葛云被问及"难不难"时，他回答："肯定难，但我觉得再难也值得！"两年的时间，诸葛云的脸庞已经晒得如当地人般黝黑，不像外来客，更像本地人。融入当地的正泰，用一座座光伏电站，架起了绿色的桥梁，串起了光明的纽带。

如今，正泰在全球40多个国家累计建设了超700座光伏电站，是中国民营企业中光伏投资最大的。在新能源电站运维领域，正泰凭借全方位、智能化运维手段，可为客户提供全地域、全类型、全电压等级的绿色能源资产管理服务，实现绿色数智化全生命周期运维，全球运维总量超 40 吉瓦。

2020 年 9 月 22 日，在第七十五届联合国大会一般性辩论上，国家主席习近平庄重地承诺：中国将提高国家自主贡献力度，采取更加有力的政策和措施，二氧化碳排放力争于 2030 年前达到峰值，努力争取 2060 年前实现碳中和。[1]这是中国在签署《巴黎协定》四年后首次向国际社会明确提出自己的"双碳"目标，意味着中国将加快推进生产方式和消费行为的低碳转型，为新能源发展助力造势，贡献"中国方案"。

2021 年 2 月 19 日，美国正式重返《巴黎协定》，并承诺：到 2035 年，通过向可再生能源过渡实现无碳发电；到 2050 年，让美国实现碳中和。至此，全球最主要的经济体都已经做出了净零排放、碳中和的承诺，"双碳"成为全人类的共识，可再生能源成为万众瞩目的焦点。

资源紧张、环境污染、气候变化等三大挑战业已成为全球共识，能源变革是大势所趋。在推动全球可再生能源的发展，实现能源转型方面，正是由于中国大力发展可再生能源，全球风电成本降低了 80%，光伏发电成本降低 90%。身处这场变革中的南存辉深有感触，他认为，再好的技术也需要经过商业模式的验

---

[1] 习近平，《在第七十五届联合国大会一般性辩论上的讲话》，《人民日报》，2020 年 9 月 23 日。

证，只有具有"更安全、更环保、更便宜、更便捷"特征的光伏新能源才是能源格局优化的最主要力量之一。

在2006年踏入光伏领域的那一刻，可能连南存辉自己也没法想象，光伏发电带来的能源革命会对整个世界产生如此深刻的影响。"沉舟侧畔千帆过，病树前头万木春"，这是过去二十多年光伏行业跌宕起伏、轮回变化的真实写照。面对剧烈的动荡，南存辉带领的正泰是为数不多屡次穿越周期，无惧低谷逆流，依然保持成长与活力的中国光伏企业。

每天，用于制作n型TOPCon（隧道氧化物钝化接触）光伏电池的高品质硅片，会源源不断被运送到坐落在浙江海宁的正泰新能"绿色工厂"。在这里，一条条崭新的自动化生产线全力运转，一台台智能机器人来回穿梭，一块块泛着蓝色光泽的电池片顺利下线。型号为ASTRO N系列的光伏组件要历经高温、高湿、冰雹冲击等多项高强度测试，才能整装发往世界各地任何有光的地方。它们可能出现在戈壁沙漠，也可能架设在丘陵海滩，或铺设在机场车站，或覆盖在乡村屋顶。不管在哪里，都能看到忙碌的正泰人，他们勘探设计，他们施工建设，他们检修维护，他们的手脚永远不停。

即便在多云或者阴雨的天气，光伏太阳能依然能够提供稳定的电流输出，幕后功臣便是光伏逆变器和储能。重点耕耘这项业务的正泰电源如今已经发展成为细分领域的"隐形冠军"，不仅占据美国工商业光伏逆变器市场份额的32.5%，而且因其优异表现，在2024年第一季度再次被彭博新能源财经（BNEF）评为

Tier 1 级别的光伏逆变器制造商。

而近年来颇受追捧的光伏储能项目，在新能源大规模接入电网，对电力系统提出了更高消纳、更平稳运营安全要求的背景下，显得更加受人关注。仅 2023 年全年，国家及地方就出台储能相关政策 400 余条，市场规则相关政策 60 多条，意在引导和促进储能行业健康发展。

特别是 2023 年 6 月，国家能源局发布《新型电力系统发展蓝皮书》，提出"用户侧灵活调节和响应能力提升至 5% 以上，促进新能源就近就地开发利用和高效消纳"，有望推动虚拟电厂和工商业储能领域的迅猛发展。

在浙江乐清物联网传感小镇中，正泰已经提前建好了样板：光伏发电系统、储能系统、正泰云平台等相互配合，通过系统性的"光伏+储能"解决方案，共同打造出一个绿色低碳产业园。

不知不觉间，正泰自 2006 年进入光伏新能源产业以来，发展至今已形成硅料、拉棒、切片、电池、组件、"智造+电站开发投资"、"EPC 建设+智能运维"等一体的全产业链，多个板块领跑行业。即便放到全球市场，这样的全产业链竞争能力亦属少见。

作为全国政协常委，南存辉近几年在全国两会的提案主要围绕绿色能源和碳减排。2024 年 3 月，他围绕光伏新能源、电力市场化交易机制、碳排放与碳金融、绿证绿电市场机制等方面提交了多份提案，意在参与和推动以新能源为主体的新型电力系统建设高质量发展。他表示，正泰将致力于电力能源的低碳化，通过企业自身减碳以及推动全球碳中和，持续聚焦绿色能源、智能电气、智慧低碳产业等核心业务，打造"绿源、智网、降荷、新储"系统服务能力。

近年来的光伏行业，风头正盛。2023年，国内光伏新增装机容量达到216.88吉瓦，同比增长148%，创下历史新高，使光伏超越水电成为第二大能源；以光伏产品、新能源汽车、锂电池为代表的"新三样"，一年累计出口1.06万亿元，首次突破万亿大关，成为高质量发展的新引擎。我国光伏组件产量已经连续16年位列世界首位，多晶硅、硅片、电池片、组件等产量产能的全球占比均达80%以上。

在光伏产业高歌猛进的时候，南存辉与经营团队始终保持着超乎寻常的冷静。2024年一开年，他们就提出在产业链上下游产品价格"跌跌不休"、作为原材料的"面粉"价格已经超过产品"面包"的价格、行业将面临大洗牌的严峻挑战下，制定好安全"过冬"、跨越产业周期的工作计划。他们认为，"双碳"目标下，光伏产业的市场需求增长趋势不会变，光伏作为优化全球能源格局最主要的力量之一，将在经历市场化波动后迎来更加高质量、可持续的发展。

不贪大，不图快，恪守负债率和现金流两道底线，是正泰的经营之道，也勾勒出正泰光伏产业从海外到国内，从西部到东部，从地面到分布式，从商用到户用，一路行稳致远的发展脉络。

在近二十年的光伏新能源产业的探索创新中，正泰逐渐形成了"高科技、轻资产、平台化、服务型"经营方针。为消减新兴产业技术发展方向所带来的不确定性，在光伏制造产业链上，正泰秉持合作参股或不绝对控股、保持技术领先的跟随型策略，对冲产业激烈震荡的大起大落，化解技术路线切换引发的风险。与此同时，在光伏产业价值链上，正泰为产业搭建蓄水池功能，打造电站作为终端产品，承接运维收费，探索出了电站开发投资建设的新模式。

在正泰经过的每一个分岔路口，南存辉都鼓励团队：面对路途中的风风雨雨，坚守初心，不要抱怨、不要放弃，坚持创新、结果导向，方向对了，路虽远，行将必至。

心力　不止"质"造

2011年正值中国加入世贸组织十周年。就在一年前，中国的GDP已经超越日本，成为仅次于美国的世界第二大经济体。彼时，与欧美纷纷陷入金融危机、债务危机不同，中国经济正迸发出空前的活力与韧性，在投资、基建、外贸"三驾马车"的拉动下，GDP保持了9%以上的增长。

就在这十年里，公众关于外资如同"狼来了"的担忧逐渐消弭。一个个鲜活的案例证明，中国企业的身影越来越多地活跃在全球舞台。2011年，海尔在全球大型白色家电业务市场的占有率达到7.8%，第三次蝉联第一；联想的个人电脑出货量已然跃居全球第二，在第二年戴上全球第一的桂冠；刚收购完国际老牌汽车巨头沃尔沃的吉利，成功迈进世界汽车二十强……到处都是一派旭日东升的壮阔景象。

这一年开春，正泰刚刚在A股市场交出上市后的第一份答卷，随后正泰又在新春营销大会上，正式向市场推出了名为"诺雅克"（Noark）的全系列新产品，定位高端智能，主打国际市场。以黑色为主色调，配以绿色点缀的全系产品，一经发布，便以其出众的设计、严选的材质、精密的制造工艺引来了经销商的关注和热议。

说起诺雅克的来源，还要追溯到2007年。当时的正泰品牌已经是国内驰名商标，不仅在国内同行中产销量稳居前列，而且在国际市场上凭借过硬的品质和优质的服务，客户群体逐步扩大，口碑效应已经显现。

随着营销网络的拓展，国际业务走向纵深，南存辉发现"正泰"（CHINT）单一品牌也存在诸多局限。

首先，尽管正泰一直秉持"存钱不如存技术"的理念，不断地向国际技术水平看齐，事实上也在个别领域建立了护城河，但由于国外市场对中国制造所存在的偏见，正泰在与跨国公司的竞争中始终被限定在拼价格的通用市场，无法撬动要求更严苛的行业客户。

其次，全球各个市场存在不同的准入标准。正泰当时主要适配中国标准及欧盟标准，要进入全球最大的美国市场，势必要重新制定产品的技术标准，以获得当地通行的 UL 标准。不仅如此，在做市场调研的时候，他们也发现 CHINT 对于美国人来说发音非常困难，品牌传播存在很大障碍。

另外，在与跨国公司漫长的知识产权博弈过程中，由于经历了多次反复的法院销售禁令，正泰也意识到单一品牌在面对极端情况时的被动与无奈。

经过全局的评判，南存辉采纳了科技顾问的建议，决定用全球化的视野，建立一个"对标全球品质、汇聚全球研发、面向全球市场"的全新品牌。

"中国企业有能力打造世界领先的产品"，南存辉在创立诺雅克之初，就将其定位为高起点、具有国际竞争力的品牌，这个想法正好踩准了时代的节拍。就在同一年，商务部提出中国要从经济大国走向经济强国，必须做大做强自主品牌。"在全球化时代，品牌意味着实力，意味着利益，意味着竞争力，国际竞争很大程度上就是品牌之争。"时任商务部副部长姜增伟说。巧合的是，与南存辉同属浙商的李书福，也有着同样的想法。吉利在这一年宣布集团战略转型，从打价格战转为打技术战和品牌战，要将战略重心从产品成本优势转向技术优势。

鸡蛋，从外部打破是食物，从内部打破是生命。在向更高端市场开拓的路上，南存辉选择了与联想并购 Thinkpad、吉利收购沃尔沃不一样的路径，他决心从内部把诺雅克孵化出来。

被委以重任的是负责正泰国际业务的张智寰。提到诺雅克的不同之处，张智寰认为是"根植本地，对标国际，以客户为中心","要从用户的眼睛来看技术,从用户的眼睛看研发,从用户的眼睛看销售,从用户的眼睛看整个公司的运营"。通过导入最为严格的质量管理理念,"要像造汽车一样制造低压电器"。

诺雅克之于正泰,如同雷克萨斯之于丰田,都在品牌战略上扮演着重要角色。在石油危机期间,以丰田为代表的日本汽车凭借经济耐用迅速崛起,在全世界攻城略地,风光无两。但进入美国市场后,丰田的产品设计及固有的品牌印象无法突破高端市场的阻力带,才有了后来启用雷克萨斯品牌,成功站稳北美高端市场的传奇故事。

品牌的高端并非依靠自我的标榜和定位,而是源自领先的技术和对用户的洞察,雷克萨斯的路径或许无法复制,但这样的理念在诺雅克得到了印证。

相比追求规模和体量的领先,诺雅克更专注于研发和创新,通过"精巧智悦"的产品设计理念,践行精益生产,实现技术领先。

2009年3月,达到国际先进工艺水平的诺雅克Ex9系列智能断路器产品试装下线,南存辉率正泰集团董事会成员悉数到场。这款倾注了正泰二十五年低压生产制造能力的元器件,即将开始它在北美市场的征程。

从美国高校毕业的南存辉的长子南君煜,参与了诺雅克的创建,担任UL项目部的负责人。

2011年,南君煜怀揣诺雅克,往东穿越太平洋,一头扎进陌生的新大陆。美国属于高度成熟的市场,正泰不能简单复制国内的成功经验。依靠品质、服务和客户口碑，诺雅克逐步在北美撬开市场。

自 21 世纪初我国进行电力体制改革，实行"厂网分开"以来，70% 的固定投资流向了发电建设，形成了"重发轻供不管用"的投资倾向，致使电网发展滞后，严重制约了电力跨区供应以及电源的及时送出，成为影响全国电力总体供应能力的重大瓶颈。为此，国家电网公司明确提出了建设以特高压电网为骨干网架、各级电网协调发展的"坚强电网"战略。随着三峡输变电工程、特高压工程等跨区联网工程的建设完成，全国联网格局初步形成，"坚强电网"开始向"坚强智能电网"稳步升级。

"十二五"期间，国家电网计划投资 5000 亿元，建成连接大型能源基地与主要负荷中心的"三横三纵"的特高压骨干网架和 13 回长距离支流输电工程，目标是到 2015 年初步建成世界一流的坚强智能电网。

在宏观政策的指引下，"坚强"和"智能"成为现代电网的两大核心要求。"坚强"是基础，电网需要有坚强的网架结构、强大和安全可靠的电力输送及供应能力，满足大范围资源优化配置的需要。"智能"是关键，将各种新技术高度融合，信息化、自动化、互动化特征明显，是满足电力服务多样化的必然趋势。

正泰凭借高中低压的全产业链能力，以及在新能源光伏领域的综合制造运营能力，站到了"坚强智能电网"的时代风口。从上游的太阳能装备制造，到高压、特高压输变电核心部件，再到终端断路器、仪表仪器，最后到家庭日常使用的智能开关，南存辉几十年来的心无旁骛，专心围绕着"电"做文章，此刻电流的脉动，点亮了正道泰兴的智慧能源之路。

在正泰新能海宁工厂，每天生产出来的光伏电池组件将输送到西北戈壁、东部丘陵、滩涂、户用屋顶以及海外的光伏电站，源源不断地将清洁能源输电上网。

在上海松江的正泰高压产业园，超高压甚至特高压的技术攻关也取得了阶段性的突破。2010年，正泰研发出符合数字化变电站要求的智能化气体绝缘开关设备（GIS），连续中标内蒙古、江苏、安徽等地的项目，成为坚强智能电网的重要建设者。

接下来的两年时间，由正泰牵头的超高压变压器、新一代智能成套开关设备两大项目，分别成为2011年度、2012年度上海市重大技术装备研制专项。正泰的超高压产品不仅供应国内的国家电网，同时也成为诸多海外国家电网的选择。

"正泰"与"诺雅克"作为低压电器本土自主品牌，紧紧抓住智能电网建设和新能源产业发展的机遇，为全球客户提供电力能源系统解决方案。

面对电网升级中越来越把自动化、智能化等作为核心能力，正泰认为，企业要做强，必须"软件硬件一起抓"，一手抓全产业链的智能制造，一手抓工业信息自动化，补强既有能力建设，朝着系统集成商转型。

2012年7月，正泰收购上海新华控制技术（集团）有限公司（以下简称"新华技术"）。新华技术是我国火力发电设备控制系统国产化的先行者，具备硬件及软件开发能力和工程实力。

新华技术在历史上因被外资并购受制于竞业协议，错过了黄金发展期。为了重振新华，公司聘请曾在上海发电设备成套设计研究院担任领导职务的栾广富为总经理，组建新的经营班子，推动变革，谋求发展。

随着智能电网布局向终端延伸，对数据精准度和产品耐用性都提出了新的要求，智能仪器仪表的需求量也开始指数级增加。正泰仪表公司在时任总经理施贻新及经营团队的带领下，快速响应市场需求，将全自动化生产流水线由原来的一条扩产到七条，产能翻倍到每月50多万台。同时还在产品质检的关键流程工艺上进行改进，通过增加通信串口，实现对仪表数据读取的快速和精准。正泰仪表公司的产值从1996年的80万元增长到2013年的13亿元，十几年时间增长了惊人的1624倍。

正泰在全产业链各个环节的突破，并非简单地采购设备或者购买技术，而是源自孜孜以求地在产业研发上持续投入。面对跨国公司的先发优势和技术壁垒，从跟随到赶超，从制造到创造，正泰在做强实业、自主创新的道路上从来没有动摇过。

在房地产市场火爆异常的那段时间，制造业的投资回报率在房地产的资本腾挪术面前显得微不足道，很多热心人劝南存辉把投入研发的资金转向房地产，一些股东也在内部会议上做出了类似的提议。南存辉始终不为所动，他曾在某次会议上自嘲，说自己是因为上辈子没修好，所以这辈子才干制造。他异常清醒，制造业需要的是耐心，是万丈高楼平地起的踏实，要用短短二三十年去追赶别人百年的技术底蕴，必须要有"不破楼兰终不还"的坚毅。

在纪录片《大国重器》中，南存辉说，中国不缺能力也不缺智慧，只是需要时间来证明。

——◆——

作为追赶者，要与时间赛跑；作为创新者，要与天空比高。

2016年1月10日的温州香格里拉酒店，一场精心准备的产品发布会正在这里举行。发布会一结束，来自全国各地近千名行业专家、媒体、客户代表和经销商将实物展台围得水泄不通。能引发如此强烈关注度的，是正泰全新推出的关键指标超越行业标准的"昆仑"系列产品。

在过去的三年时间里，"昆仑"项目一直是南存辉所关注的优先级最高的几个项目之一。在时任正泰电器市场部负责人林作为和品牌部负责人张帆的联合精心策划下，来自正泰技术研究院和正泰四大低压产品制造部的400多名核心研发人员全程参与，累计投入资金1.5亿元，制定了36套方案、800多副模具。"昆仑"系列包含了万能式断路器、塑壳断路器、终端配电及电动机控制与保护四大类，全面涵盖了电气系统中自上而下完整系列的产品规格。为了实现产品技术创新和智能制造适应性，全系列产品共进行了7860项可靠性测试，其中攻克的技术难关不计其数，光是专利就申请了360余项。

当时分管中国区营销工作的正泰电器副总裁郭嵋俊介绍说："低压电器产品量大面广，而且是用电环节中靠近用户侧的电气装置，'昆仑'系列产品不仅将可靠性摆在首位，而且将标准提升了几个能级。"比如产品中关键的失效率，"昆仑"达到了远超同行标准的四级。意思是将产品送入专业实验室，模拟高温、低压等不同环境进行测试，在整整53万次的分合中，"昆仑"产品失效问题不能出现3次，失效率小于1/100 000，而国内大多数产品的失效率基本都在1/1000的水平。

"昆仑"产品不仅重视可靠性，还通过微创新来增强产品的智能化水平。一般的漏电开关至少要每个月进行一次测试，不仅依赖人工操作，过程中还会造成供电中断，使得多数用户为了避免麻烦就跳过了这个环节，无形中积累了安全风险。正泰的研发人员针对这个细节，访谈了一线的操作人员，了解到实际应用场景中的痛点，便率先在开关中增加了智能实时提醒功能模块，解放了漏电诊断所需要的人力。

"昆仑"的品质与巧思赢得了眼球，也赢回了订单。在北京单场的发布会上，就有38家客户抢先现场订购。其中一位经销商对"昆仑"产品赞不绝口："每个产品都有二维码，手机一扫就可以获取产品信息和安装视频；开关上面多了一个显示'开'和'关'的窗口；微型断路器和配件之间组合像搭积木一样方便……不比国外大牌逊色！"

从2016年面市到2020年的五年间,"昆仑"系列累计销售300亿元,这些产品如果连接起来,总长度可绕地球6圈,如果叠起来,高度是世界最高峰珠穆朗玛峰的6倍!"昆仑"系列不仅成为正泰品质升级的王牌,也成为供给侧结构性改革在低压电器领域的创新实践。

作为传统的制造型企业,无论低压还是中高压产品,正泰主要面向的群体还是B端客户。虽然只是隔了这么"一层纱",但终端消费者与正泰品牌之间仿佛隔了"一座山"。

既然绕不开山,就修路架桥打隧道,让消费者可以直接认识正泰。

南君侠是南存辉的次子。2011年,带有一身浓浓的硅谷创业气质的南君侠看到互联网的大好机会,回国组织了一个年轻的团队开始创业。

得知正泰建筑电工在构建线上网络营销模式的探索过程中遇到了新的挑战,南君侠按照正泰集团董事会的安排,带领团队支持建筑电工网商业务的经营和管理,经过持续的变革创新,闯出了一条面向C端消费者的新赛道。

"目标要瞄准星球,因为即使偏离了,你也会落在群星之间。"南君侠很喜欢美国励志演讲家莱斯·布朗的这句名言。在南君侠看来,他率领的居家业务是正泰集团最贴近终端消费者的窗口之一，公司官方旗舰店连续多年稳居天猫"双十一"细分品类第一，让更多用户可以零距离地将正泰品牌看得真真切切。在白热化的竞争态势下，正泰居家正以多渠道、全场域的营销运营方式赋予营销新的活力。

南君侠说："我们相信能以与时俱进的产品观、制造观、用户观和生态观，去面对分层化的市场和多元化的用户。压力一直都在，向前才是动力。"

在创新探索C端连接用户新可能的同时，正泰居家秉承"慧生活，更自由"的理念，要为客户打造的是一种全新的未来智慧生活方式，用美学科技，服务智慧家居生活。

"拥抱互联网，正泰和用户之间，隔着山也能相见了。"南君侠在电商领域的探索创新，让南存辉颇感欣慰。

大洋彼岸，在美国打拼五年后，南君煜收拾行李，准备回国。

经过几年在美国市场的磨砺，他切身感受到，有别于欧标和国标，北美市场的技术、质量标准自成体系，需要适应不同的监管要求和市场环境，正泰在产品技术研发、质量标准认证及供应链体系等方面仍存在不小差距，亟待"破题"。

就这样，南君煜带着在一线听到的炮火声，走进了诺雅克位于上海松江的总部。他召集团队，以用户的视角，重新还原产品研发的卡点；他走访客户，以友商的角度，反思丢掉订单的原因；他咨询专家，以晚辈的姿态，求教更加先进的研发模式。

一次偶然的机会，南君煜了解到几年前一家通信行业的头部企业曾经找诺雅克，希望定制一批断路器，但最后没了下文。怎么会无故丢单呢？他找来相关人员了解整件事的来龙去脉，发现了症结所在。

有别于通用市场，行业市场客户的需求各有差异，往往需要做个性化的产品定制。特别是行业的头部企业，由于技术研发实力强，作为整个产业链的链主，具有引领链群企业向新一代技术标准跃迁的内生动力，此时纵使营销网络再铺天盖地，他们看重的还是提供专属解决方案的能力。

他认为正泰要往价值链的顶端走，则必然要为行业的头部客户提供定制产品，灵活而创新的研发能力才是其中的关键驱动因素。为此，他提出建议：首先是将分散在温州、上海市区和松江的研发团队整合成研究院；其次是将诺雅克定位为服务行业客户，为他们提供解决方案；最后是将研发、产品、制造拉通，形成以市场为导向，以研发为核心的柔性生产制造体系。

创新和变革是南存辉创业多年一直在正泰倡导和践行的，他深知"没有成功的企业，只有时代的企业"，必须与时俱进，唯有变化才是永恒。

2018年2月的新春大会上，南存辉向全员阐述了他对新时期经济发展的理解：中国经济正从高速增长阶段转向高质量发展阶段，市场需求从"有没有"向"好不好"转变，在新旧动能的转换过程中，高新技术的创新所引领的业态变革和跨界整合，将成为推动经济社会发展的主要引擎。

他还说：面对环境的变化，不能墨守成规，要摒弃"正泰特殊论""正泰无忧论"，要时刻保持如履薄冰、如临深渊的危机感，"东方欲晓，莫道君行早"，办企业永远在路上。

既然在路上，走不一样的路，就得换不一样的鞋。虽然南君煜的三条建议被南存辉戏称为"捅马蜂窝"，不过此时的正泰正需要这种"捅破天"的执着精神。在听完南君煜的思路和方案后，董事会通过了这三项变革举措。

在公司顾问钱允格的指导下，经过复杂、艰难的变革调整，正泰将分散在三地的研究团队整合成了统一的研究院，南君煜任执行院长，统筹资源调度和协调推进。作为整合的操盘手，南君煜并没有简单地将人员和职能进行机械性的重组，而是对各地各团队的能力模型进行了分析，与研发人员直接交流，让大家理解市场的变化和客户的需求。他认为"不只是把人才换位置，还要让人才换角色"。

行业客户的解决方案也有了清晰的脉络，南君煜将其归纳为"智能化"、"小型化"、"模块化"和"平台化"，以此去适应和满足通信、能源、云计算等新兴产业更迭的需要。

新的行业客户提出的新需求，不断刷新着正泰研发团队的认知，倒逼着内部行动起来，去响应和攻关新的技术课题。自主创新、自我变革的氛围逐渐形成。负责研发的研究院总工程师也走出"象牙塔"，到制造一线，兼任制造部的总工程师，负责产品立项、研发、生产、交付的全过程。技术创新真正成为贯穿整个生产链路的"金线"。

冲锋在一线，听到炮火，呼唤炮火的人的感触最明显。正泰经销商张建军分享了他的案例。一个风能客户需要定制一批交直流的断路器，之前因为研发响应周期要半年，无法满足客户对时间的要求，只能作罢。研发、产品、制造平台化后，重新评估了客户的定制方案，只花了两个月就完成了送样，还追加签订了大订单。

另一位深耕太阳能产业 EPC 的项目经理钱珍传说，他的客户需要一批分断能力特别高的低压元器件，需要小电流高分断的研发，诺雅克仅用时三个月就完成了，"这在以前是不可想象的"。

从大规模生产和依靠经销网络进行分销，到聚焦行业顶尖客户、研发前置、攻坚定制化的解决方案，正泰透彻理解了创新驱动的真实含义，那就是"犯其之难，图其至远"。

在 2023 年正泰的核心战略举措中，"加强中后台集成支撑能力建设"的负责人就是南君煜。如今，他以中台委员会副主任的身份在推进这项工作，工作范畴也拓宽到研发、供应链、物流、产业协同、人力资源等更广义的"中后台"，这正是为了形成支撑正泰新能源产业集群和智能电气产业集群创新发展的底座能力。

南存辉和经营团队觉得，新时代新机遇，新命题新解法，要巩固在通用市场的优势，更要增强在专业市场的能力，才能实现从跟随到创新，从部分引领到全面引领。他们认为，将"铺天盖地"的网络和"顶天立地"的产品结合起来，正泰才有新的发展空间。

被委以重任的是肱骨老将陈国良，作为正泰智能电气产业集群负责人，他正着力推进高中低压一体化，以发挥全产业链优势，聚焦新型工业化升级，重点拓展"4+2"行业（"4"指的是电网、新能源、5G通信和流程工业，"2"指的是正泰培育的轨道交通和基础设施行业），重点输出数智化的定制解决方案。在市场营销上打过无数硬仗的陈国良，快人快语："市场正在急剧变化，面对新的机会，企业制造端要更主导，响应要更直接，必须植入技术，触达终端。"

对于高中低压一体化这场"新战役"背后的深意，陈国良表示：要推出资源共享，实现全链营销，扩大企业自身的市场份额和价值最大化；要把资金、技术、产品、客户进行重新整合分配，实现要素价值的最大化；要推进全链路一体化，促进产品、市场、产业的升级。这是正泰面对行业变化、市场变化、客户变化等新形势的识变、应变、求变。

对于其中的全链路一体化，陈国良尤为看重，他认为全链路一体化要实现高中低压一体化、强弱电一体化、软硬件一体化和源网荷储一体化的协同。"虽然很难，可能需要一年、两年甚至三年，但这是必须做的。"陈国良说。

2024年农历新年过后的上海，春寒料峭，正泰新春营销大会现场，来自全国各地的经销商被台上描绘的广阔蓝海市场所吸引，重燃开疆拓土的豪情。刚演讲完的陈国良踌躇满志，指着"新质蝶变"的活动主题说："经销商也要和公司一起动，一起变，这很关键，相当于二次创业。"

如果说智能电气向高中低压一体化的变革是高质量发展的典型，那么正泰在以光伏制造为代表的绿色能源领域的创新则是打造电力新能源新质生产力的生动诠释。

2023年8月12日，中央电视台新闻频道的《朝闻天下》栏目播出了专题报道《"新三样"背后的新赛道——"爆款"光伏产品畅销海外的背后》。2023年上半年，我国光伏产品的出口总额达到了289.2亿美元，同比增长11.6%。正泰新能表现得尤为抢眼，董事长陆川表示，通过加大研发和产品创新，上半年出口量和出货量增速都超过了100%。

太阳能光伏产业的技术不断迭代，不断有新的颠覆性突破诞生，从这种意义上来说，这的确比集成电路的摩尔定律来得更加难以捉摸。在PERC（发射极钝化和背面接触）电池（p型电池）组件的转化率接近"天花板"的时候，以n型TOPCon为代表的新一代电池因其高功率、低成本等优势，成为科研和产业界公认的p型电池替代品。

"任何技术在光伏行业最多领先6~12个月，所以洞察市场、快速适应市场技术趋势非常重要。"在光伏产业深耕多年的陆川深知这一点。所以在2021年，当产业内还纠结于几种技术路线的选择时，正泰新能就启动自研TOPCon 1.0电池，开始早早卡位n型TOPCon领域，也为之后在业内率先实现n型TOPCon组件量产奠定了基石。

正泰新能CTO（首席技术官）徐伟智博士是正泰引进的资深专家，有着二十余年光伏行业的从业经验。他认为：正泰n型组件的特性就是高效率、高密度、高可靠的产品创新设计与开发，提升了组件的发电功率，也确保了爬坡到量产过程的良率与高质量，进而提升了产品竞争力。而且n型TOPCon技术路线与设备的精准选择也同步考量了与既有PERC电池组件生产线的高兼容性，可以有效地降低投资额，具备可升级性，使技术与产品综合竞争力更为突出。

陆川也同意这个看法，2022年4月26日，正泰新能抢先推出ASTRO N系列n型TOPCon组件产品。市场印证了团队的判断，2023年TOPCon电池快速起量，总产量达到100吉瓦，占到光伏电池总产量的近三成，成为主流技术路线之一。

陆川决定将新增产能全部切换到TOPCon电池技术上，新建的海宁基地四期，义乌、凤阳和乐清的基地都将采用新的技术路线。与此同时，新型的工艺也在不断迭代升级，在徐伟智团队的努力下，TOPCon电池的光电转化率不断刷新纪录，从最初的23.5%突破至最高26.9%，实现从TOPCon 1.0到TOPCon 4.0的华丽升级。

徐伟智说："别看每次的突破只有1%~2%，绝对数量看上去很小，但在光伏行业，量产光电转化率是竞争的关键，哪怕能取得0.1%的提升，都是非常了不起的进步。"

美国国家可再生能源实验室（NREL）发布的全球太阳能电池实验室最高效率图显示，自2023年以来，我国企业、研究机构 5 次打破纪录，截至 2024 年 2 月，保持在榜的纪录有 7 项。

中国电力企业联合会预计，2024 年新能源发电累计装机规模将首次超过煤电，达到 13 亿千瓦左右，总装机比重上升至 40% 左右。

新能源比例的上升，不仅让企业的碳足迹管理成为可能，也成为必然。正泰新能业务接近半数的份额都在海外，对于碳足迹的管理已经不仅是运营层面的职责，更是升格成企业全面战略的核心组成部分。

2023 年，正泰新能开始对国内外新型绿色标准评审进行系统规划，从原辅材料采购到生产、使用，到最终结束使用寿命后的处理和回收，采用更为客观的方式，为产品的绿色改进提供路径。

正泰新能常务副总裁、首席可持续发展官黄海燕说：碳足迹管理不仅能让企业全面掌握产品全生命周期的碳排放情况，更可以有的放矢地采取行动降低整个供应链中的温室气体排放。根据可持续发展战略，至 2028 年，正泰新能计划实现可再生能源比例达 50%，减少 50% 的运营碳排放，并在盐城基地一期工厂的基础上打造更多的零碳工厂，推动企业高质量发展。

在推动行业的高质量发展上，身兼多重社会职务的南存辉，结合电力新能源产业一线实践，积极建言献策。针对社会上一度推行的"能耗双控",他认为碳达峰不是能耗达峰。"控碳不是简单控能,要建立以碳排放总量控制为主、能耗双控为辅的导向",在全国政协2021年第三季度宏观经济形势分析座谈会上,他如此建议。

2023年7月,中央全面深化改革委员会第二次会议审议通过了《关于推动能耗双控逐步转向碳排放双控的意见》。次年1月公布的《中共中央 国务院关于全面推进美丽中国建设的意见》,再次对推动能耗双控逐步转向碳排放总量和强度双控做出强调和部署。建立并实施能源消耗总量和强度双控制度,可改变企业行为和倒逼地方经济追求零碳转型,加快形成新质生产力,塑造零碳经济,形成国家战略竞争新优势。

二十多年前,谁都不会相信,以光伏发电为代表的可再生能源会成为主流的能源,更不会相信,中国的光伏产业会历经磨难,涅槃重生,成为引领全球"双碳变革"的主导力量之一。

在2006年做出那个决定的时候,南存辉就深信不疑:因为相信,所以看见。

如今,走进正泰新能坐落在浙江乐清、义乌、海宁,江苏盐城,甘肃酒泉,吉林松原,以及泰国等地的智能制造基地,随处可见机械手上下挥动,无人驾驶物料运输小车忙碌穿梭。整条流水线从备料开始,经过全自动的串焊、层压、装框等主要工序,最终进行电池组件的包装后完成信息核对入库，实现了生产制造全流程的自动化、智能化。

亲历智能工厂规划、建设、投产的黄海燕，言谈中充满了对光伏产业的热情和期冀，她介绍说：正泰新能依托正泰工业互联网平台，构筑全球智造体系，业务遍布全球诸多国家和地区。正泰还针对海外户用市场专门研发了全黑组件，由于使用了最新的技术工艺，在安装后能与房屋本体完美融合，不仅发电效率高，而且"颜值高"，是畅销欧洲、日本、澳大利亚等市场的爆款。

年轻的光伏产业不断有人离场，也不断有人进场，一切仍充满变数，要说定型，为时尚早。在风高浪急的行业里，有人说做光伏就像穿上红舞鞋，永远停不下来，也有人说光伏业太内卷，已经卷成了修罗场。南存辉觉得，别人怎么看不重要，自己怎么干才重要。他叮嘱团队，技术上要"量产一代，研发一代，储备一代"。专注做好一件事，不在于走得快，而在于走得稳，走得远。

2022年2月，北京迎来了第24届冬季奥运会，成为历史上首座"双奥之城"。另一个比赛城市张家口，距离北京市中心约180公里，那里的崇礼冬奥核心区负责承办跳台滑雪、越野滑雪、冬季两项等重要赛事。

京张高速铁路将两座比赛城市连接在一起，运动员和观众可以坐着高铁，穿过高寒，闯过风沙，穿越八达岭隧道，经过古长城，抵达场馆。一路上，他们被车窗外山谷间的冬奥会光伏迎宾廊道所吸引，也有人会留意到各个站点里都有一排排保障高铁运行的数智充气柜。这些场景背后，都有一段平凡而精彩的"正泰故事"。

就在前一年，即2021年，正泰集团营收突破千亿元，正式迈进"千亿"时代。

破局　拨云见日

2014年10月30日，南存辉率领正泰人在温州市人民大会堂举行创业三十周年纪念大会。此时正泰已经是一家全球员工近3万人，年销售额超300亿元，覆盖"发、输、变、配、用"电力设备的全产业链企业。在回顾创业艰辛，分享成功喜悦，感谢各界支持，描绘未来蓝图时，南存辉望着坐在台下的接受表彰的三十周年功勋卓越人物，突然怀念起了一个人。

这个人就是正泰第一任党支部书记吴炎。曾任温州市交通委办公室主任的吴炎在南存辉的诚挚邀请下，于1993年加入正泰。吴炎书记不仅在正泰创建了温州第一个民营企业的党支部，还是让正泰建章立制、管理走上正轨的领路人。吴炎书记对南存辉来说亦师亦友，被南存辉尊称为"内当家"和"主心骨"。

在创业初期，一次当地的电视台来采访，不善言辞的南存辉担心说不清楚，慌忙推辞。吴炎书记看在眼里，他鼓励南存辉不要紧张，并把采访的要点逐条列出来，还教了南存辉一些接受采访的技巧。吴炎的言传身教，对南存辉影响深远。时至今日，南存辉在公众场合的受访和发言，依旧沿用吴书记的方法，字斟句酌，一丝不苟。

在吴炎的建议下，正泰将企业理念正式确立为"争创世界名牌，实现产业报国"，这股精气神也延续至今。

在吴炎书记去世后的每一个清明节，南存辉都会亲自带领公司的管理团队，到他的墓前敬献花圈，祭拜扫墓，报告过去一年来正泰克服了哪些困难、取得了哪些成绩和企业文化的传承与建设，以薪火相传的行动与信念，缅怀和告慰这位温州非公党建的开路先锋。在南存辉和所有正泰人心中，吴炎无疑是一座闪耀着时代光芒的精神丰碑，勉励着他们志存高远，奋发争先。

从吴炎、颜厥忠、林可夫、吴炳池，到戴之谦、叶逢林、郑春林、陈建克……在不断提升产业"硬实力"的同时，这些正泰"软实力"领域的耕耘者，坚持将党建工作、文化公益建设与企业创新发展有效融合，在接续中打造了民营企业的思想引领力、组织战斗力和团队凝聚力。

如果说中国"入世"后的十五年，中国企业是全球化"水大鱼大"的受益者，那么此后的国际形势变幻莫测。风高浪急之下，不少企业的全球化或止步不前，或深陷泥沼，或折戟沉沙，如同轮船驶入了深海，在无人之境，找不到灯塔，也望不见浮标。

有人曾将企业的全球化划分为四个层层递进的发展阶段：产

品与营销的全球化，组织与供应链的全球化，团队与资源的全球化，品牌与文化的全球化。在这条逐级演进的路径上，多数中国企业往往可以到达第二个阶段，但再进一步开始真正意义上的跨国经营，则不可避免地会遭遇文化的碰撞和融合的难题。

面对这个挑战，在全球化过程中，未来的可持续增长需要的是本土化能力。已经深耕全球多个市场和"一带一路"沿线国家的正泰，也正处在"本土化"的关键转折点上，南存辉在创业三十周年纪念大会上重点强调，要深化国际化布局，在全球化战略中将研发、生产、物流、市场等更多地落在本地市场。

位于泰国东部北柳府的正泰光伏制造工厂，是正泰在"一带一路"沿线兴建的又一座智能绿色工厂。2017年5月，正泰第七届国际营销大会特意将会址选在北柳府工厂，来自80多个国家和地区的200余位客商与战略合作伙伴会聚在此，他们热烈地讨论着"新动能，新机遇，新未来"的主题。不同的国籍，不同的肤色，不同的语言，此刻，他们只有一个身份——正泰人。

不同于近在咫尺的泰国市场，处于南半球的巴西不仅距离遥远，而且文化迥异，对正泰来说既陌生又神秘。早在1998年，正泰就派遣现任拉美区域业务总部总经理项颉到巴西开启"拓荒之旅"。在克服了品牌、渠道、外部环境波动等重重困难后，正泰在当地站稳了脚跟。

2010年，正泰拉美地区第一家子公司——巴西子公司正式成立，当地团队的工作重心开始从贸易向本土化转型。而洞察用户需求，解决用户痛点的"优良作风"也被继承下来，至今仍在发挥着重要作用。

2022年3月,正泰国际全球第15个海外仓——巴西海外仓正式落子圣保罗并投入营业。占地2000平方米的仓库,临近巴西最大机场圣保罗瓜鲁柳斯国际机场与拉美第一大港口桑托斯港,具有得天独厚的地理位置,成为正泰扎根巴西市场的又一个里程碑。

二十多年的斗转星移,时移事易,巴西不仅成为正泰全球区域本土化的重要拼图,还将升格成正泰具有标杆意义的四个国家示范区之一。压在项颉肩上的担子更重了,他一脸轻松,笑着用巴西人的乐观语气,分享了一句当地谚语:万事走到最后,都会尽如人意。

正泰在巴西市场的成功,已经不仅在电气板块,还覆盖了光伏新能源领域。

2023年,正泰新能中标世界知名可再生能源投资企业 Atlas Renewable Energy 公司巴西902兆瓦光伏电站项目,为其供应454兆瓦 ASTRO N 组件。该项目是正泰新能当时在巴西落地的规模最大的 TOPCon 项目,不仅助推当地加速可再生能源转型进程,也进一步提升中资企业在巴西当地电力行业中的品牌形象和企业认可度。

在正泰推进全球区域本土化的另一个示范国沙特阿拉伯,

正泰紧紧抓住当地大力发展能源和电力的机遇，源源不断推出绿色、低碳、智能的产品、技术和解决方案，并与当地伙伴共同探索打造本土化合作新样本。负责沙特阿拉伯本土化战略落地的正泰电器总裁助理程志辉，先后见证了两家合资工厂的设立。

2022年11月，正泰与沙特阿拉伯多元化国际企业阿吉兰兄弟控股集团举行签约仪式，宣布在沙特阿拉伯成立一家合资公司，专注低压电器设备和方案的生产制造及服务。

2023年上半年，正泰与沙特阿拉伯变压器制造商 Arabian Transformers Co.（ATC）成立合资公司，建立了当地第一个专门生产智能型环网柜和中压成套及电力设备解决方案的正泰中高压电力设备合资工厂。

在沙特阿拉伯的"2030愿景"中，战略目标之一就是提高工业制造本土化及能源转型。合资工厂的落成，无疑将充分发挥双方在技术、科研、资金等方面的优势，帮助沙特阿拉伯实现高中低压一体化解决方案的本土化生产制造，并为当地培养更多电气能源领域的人才。2024年，正泰与沙特阿拉伯合资工厂的海外员工本土化率已达74%。程志辉表示，在为当地提供先进产品和服务的同时，正泰后续还将逐步覆盖GCC（海湾阿拉伯国家合作委员会）国家及相邻国家，持续提升海外制造的本土化能力。

正泰早期的国际业务主要依靠经销商网络，虽然取得了一定成功，但也遇到了业务单一、拓展动力不够、重贸易轻品牌的发展瓶颈。2018年，在正泰国际总裁张智寰、副总裁郑蓓蓓的牵头主导下，正泰以传统电气强国意大利为试点，创造性地推出了"国际蓝海行动"，即在主要海外市场的子公司，出让部分股权，吸引优质合作伙伴及骨干员工入股组成合资公司，建立命运共同体。

"通过蓝海行动，可以充分调动合作伙伴和骨干员工的积极性，给予最小业务单元充分授权，让'能听见炮火声的人'更多参与到关键决策中，与合作伙伴、员工共同发现、开发国际市场'新蓝海'，共享发展果实。"据郑蓓蓓回忆，作为最先试点的国际市场，由温州籍意大利华侨董文达运营的意大利子公司用时两年，通过"四步走"完成了"蓝海行动"的落地：第一步，组建中外合作的国际化管理团队；第二步，推动经销商并购改制；第三步，向微笑曲线两端的业务延伸；第四步，深耕当地市场的关键客户，从"跑单帮"到"大买卖"。

实施"蓝海行动"后，正泰意大利子公司从单一渠道分销转型升级为多元化智慧能源公司，公司业绩突飞猛进，在当地低压电器市场的占有率从2%提升到6%，多个行业龙头公司与正泰建立了合作关系。意大利市场的探索经验，也为正泰其他市场提供了蓝本，印度尼西亚、马来西亚等国家的子公司相继完成"蓝海行动"改制，在合作伙伴选择、股权结构、授权模式、业务模式等方面采用更灵活的方式。

在亚太地区，正泰则通过投资并购、设立区域总部等实现了快速扩张。

2017年，正泰收购新加坡日光电气公司。日光电气是一家专注于定制开关柜的领先企业，自1970年创立以来，以全球标准设计、制造配电与控制面板，历经数十载发展，已在全球市场占有一席之地，并在新加坡、越南及马来西亚设有区域生产基地，以满足全球客户的需求。

并购后，正泰叠加日光电气的品牌影响力，突破了新加坡、马来西亚、印度尼西亚等东南亚国家的地标性项目和数据中心等专业市场，联合新加坡理工大学等开展技术研发，打开了当地战略大客户市场。

2022年9月23日，正泰国际新加坡亚太区总部成立。正泰在亚太的首个创新实验室，也在当天开门迎客。从申城到狮城，正泰持续以全产业链优势和国际化布局，扩大发展伙伴"朋友圈"，全球化步伐不断迈向更深层次。

开拓国际市场，就像在大海中航行一样，要穿越完美风暴，也要躲避激流险滩，有时候需要的是耐心，也需要一点点技巧。

2015年，南存辉随中国基础设施工商企业考察团赴印度考察，得到了莫迪总理的热情接见。第二次与莫迪会面的南存辉，代表正泰亲手递交了正式投资意向书。按计划，预计电站建成后，年均发电24亿千瓦时，可以减少180万吨的二氧化碳排放，还能带动当地就业。2011年正泰就在印度中标过24万千瓦的光伏项目。印度是"一带一路"沿线的重要市场，正泰对它非常看好。

到了正式开工的时候，却遇到了大麻烦。建设集中式光伏电站需要对整块地面进行平整夯实，原本团队已经挨家挨户与当地村民谈妥了条件，对每一棵需要移植的树木确定了价格。可就在施工过程中，当地村民突然将工人围了起来，不让施工。不明就里的负责人找来翻译询问情况，一问才了解到，原本这里有棵树要搬走移植，定好的价格是100元，但现在村民反悔，声称这是一棵"神树"，搬走的话要价500万元。现场的负责人无法判别真假，被整得哭笑不得，工程就此停了下来。

后来经过观察，团队发现印度当地由于历史原因，营商环境是偏向于欧美的。于是，正泰的团队就改变策略，雇用了美国人作为项目负责人，由他出面与当地政府和村民打交道，效果确实好了不少。

这套"借力打力"的做法，在正泰看来，就是"一物降一物"，在国际通行的游戏规则下，肯定还有许多地方是需要因地制宜的，不可能靠一套方法、一种模式一成不变地去应对瞬息万变的市场。

当下，"不出海，就出局"已经成为许多中国企业的共识。面对海外市场的多重挑战，南存辉觉得"山不过来，我就过去"。他和经营团队提出了"全球区域本土化"的破解之法，就是要通过"Local For Global"（面向全球，融入本土）的本地市场策略，用好当地的员工、对接当地的资源、扎根当地的市场、融入当地的文化，结合本地销售、本地研发、本地制造、本地融资，打造连接全球的本地价值链。

他们觉得，正泰的全球化，正当其时。

2015年，国务院发布《中国制造2025》文件。这是指引中国迈向制造强国战略的第一个十年纲领。文件中明确，要加快制造业转型升级，全面提高发展质量和核心竞争力，推进信息化和工业化深度融合。这标志着中国要从"制造"快步奔向"智造"。

2018年8月，温州乐清的正泰低压电器生产基地，一场名为"基于物联网与能效管理的用户端电器设备数字化车间的研制与应用"的项目验收会正在紧张地进行。该项目是工信部2015年公布的94个智能制造专项项目之一，由正泰承接。项目的顺利实施，既标志着正泰的智能制造战略又向前迈进了一大步，也对电气行业特别是低压电气行业的转型升级，有着重要的示范引领作用。

正泰的低压电器生产基地，拥有世界上日产量最大的小型断路器生产流水线。在此之前，在物流、检测校验、包装等环节，正泰已经完成了自动化，但在装配环节，依然要依赖人工操作。行业里还没有一条全自动生产线可以满足生产要求，这是世界性的难题。

在一条小型断路器装配流水线上，80个熟练工人被平均分为20个小组，每天要生产3万件产品。一个小型短路器由几十个元器件构成，每个工人每天要安装上万个细小的部件，平均每15秒就要安装完一个，机械而又枯燥，要求又极为细致。

面对如此前沿的挑战，项目团队没有任何经验可以参照，只能通过导入信息化，拆解生产流程和工序，用仿真手段还原每一个细节的制造工艺，以求实现全制程的自动化。

首先，项目团队想到的是能否对产品的零部件进行简化，这样可以尽可能地减少操作的工序，降低自动化所需要衔接的步骤。他们从小型断路器入手，与研发和制造团队反复推敲，往往每一个元器件的改动都要经历多次的论证和试验。最终，他们将元器件的数量从 26 种 45 个，精简为 15 种 41 个。

其次，为了保证产品的一致性和可靠性，项目组认为关键部件也应该采用自动化方式在线生产，与装配产线无缝衔接。由于每道工序的装备机器都有其特殊性，无法完全复用，项目团队还必须设计出相应的机器，才能通过"机器代人"实现自动化。

最后，有了硬件的机器设备，还需要配套软件的信息化。项目团队通过对 PLM（产品生命周期管理）、OMS（订单管理系统）、CRM（客户关系管理）、ERP（企业资源计划）等管理系统的综合集成，完成了企业统一数据平台和车间级工业通信网络，实现了产品设计、仿真、制造、装配、检测、包装、物流的全程数字化管理。

经过工信部、浙江省经信委专家的严格评审，这个项目以高分通过验收。听到消息后，南存辉欣喜地说："智能制造就是典型的实体经济加数字经济，两者的融合发展，一定会给制造业带来革命。"

如今的正泰低压电器工厂，已经入选浙江省首批"未来工厂"，并且属于引领型的"头雁未来工厂"。不仅是小型断路器，继电器、接触器等主打产品都已经有了全自动的数字化生产车间。新基建在新型能源领域的发力，催生了市场对创新型低压电器产品的需求，也对生产能力提出了更高的要求。

透过数字看板，可以看到从订单到交付的数字化全流程。高度的智能化使柔性生产成为可能，就连产品的"诞生"也是由它们自己说了算。螺旋运输塔串联起了关键部件车间与组装车间，5G网络通信下的无人驾驶物流车穿梭往复，原料安静地等待着指令，然后被运送到所需的生产线上。依托工业互联网，组装产线可以根据需求自动调整原料产线的生产节奏。"现在每1.3秒就可以生产一极小型断路器，每天可生产300多万极，全球产销量最大。"车间负责人说。

作为产业链龙头，正泰还不遗余力地输出数字化能力，推广低成本、模块化设备和系统，带动产业链上下游企业共同开展工业互联网改造。通过为行业提供非标自动化设备研发、制造与技术支持等服务，正泰带动了供应商的600余台（套）设备的数字化改造，引领产业链400多家核心供应商主动转型。目前温州乐清已经形成了国内规模最大、配套最齐全的智能电气产业集群。

与外观玲珑的小型断路器相比，相当于半个标准集装箱大小的特高压变压器则属于超级"巨无霸"。距离武汉市区约20公里的阳逻开发区，坐落着正泰高压电器的"双百万"绿色智慧工厂。所谓"双百万"，是指最高电压等级1000kV（100万伏），最大容量1000MVA（100万伏安）的特高压变压器，由于结构复杂，技术难度极高，被誉为电力行业"皇冠上的明珠"。

这样一台"庞然大物"的生产过程，要经历近百道细节工序。除了线圈干燥、器身装配、器身干燥、真空注油、拆卸包装，在正式交付之前，还要经过一项严苛的雷击试验。工厂有一处特殊的试验站，18米高的冲击电压发生器能准确模拟自然界雷电的冲击，最高可产生400万伏的冲击电压，变压器只有通过了极端情况下的耐高压冲击能力测试，才满足出场交付的条件。

上百个流程工艺被精密操控的背后，是几十个数字子平台，它们都集成在正泰自主研发的智造一体化平台上，通过数据全景化，可以实现从研发、设计到交付的端到端一体化。

工欲善其事，必先利其器。支撑和驱动这一切的正是2019年正泰发布的"一云两网"，即正泰自主设计和研发的工业互联网平台"正泰云"，以及以此为依托的正泰工业物联网（Chint Industrial Internet of Things，IIoT）、正泰能源物联网（Chint Energy Internet of Things，EIoT）。

杭州滨江园区里的正泰创新体验中心，是近距离观摩正泰业务版图的最佳窗口之一。整个2000多平方米的展厅被分为两大部分，蓝色代表工业电气，绿色代表清洁能源。"智慧"是正泰全产业链的底色，展现了10余个实时场景、近20个实时数据平台以及200多个真实案例。

通过大屏幕，可以看到正泰新能源板块在杭州、海宁、泰国等全球工厂的生产情况和生产数据。讲解人员指着不停闪动的数据指标介绍说："正泰所有制造工厂的数据，现在全部执行一个标准,在一个云平台上进行比对。以前产品要生产出来后才能检测,知道是不是合格,但现在事先就输入精确的参数,通过人工智能可以实时检测,效率更高,而且是全天候的。"

紧挨着光伏生产制造区域的是正泰 Epower 智慧运维平台,它将人工智能引入光伏电站的日常运营,通过大数据分析、智能算法、机器学习与自我诊断、预防性维护、系统自动优化等手段提升电站发电量,并实现总部和区域的统一管理。点击进入正在运行的甘肃永昌电站界面,就可以看到该电站运行情况的实时监控,包括发电量、智能预警、定制化报表、智能分析等功能,真正做到对电站的智能化、精细化、效益化的全生命周期管理。

"今天电站发了多少电?""赚了多少钱?""减少了多少碳排放?""系统正常运行吗?"……专为户用光伏开发的"泰极光伏云"则解答了用户最关心的问题。不仅如此,光伏云还是能够监测数以百万户用光伏的"千里眼",可对方圆 5 公里的天气情况进行感应,分析每家电池板的发电情况,甄别故障,并自动派单给附近的运维人员,安排上门维修。

从最初基础的信息管理,到如今基于工业互联网的"一云两网",正泰始终对最前沿的信息技术保持着高度的敏锐,思考着如何让电力能源变得更安全、绿色、便捷、高效。

早在 2003 年,正泰便斥资 5000 万元,引入 SAP 软件系统,打造信息化管理能力。到了 2010 年,这套数字平台将上游的供方和下游的经销商也连接了起来,实现了全链路的数字化。进入智能互联时代,当很多制造业企业在大数据、云计算、物联网等新技术的冲击下显得有些不知所措时，南存辉则积极而从容地与网相拥，与云一体。他认为："今天干制造业，一定要结合新技术。工业级的互联网，会给我们带来一大片蓝海。"

让南存辉颇感欣慰的是，当初的规划与设想如今已经由团队在产业端逐一实现。在乐清的正泰量测产业园，一队由400多位来自全球各地的正泰经销商带领的庞大观摩团正在这里考察。他们都是各自国家和地区的电力部门负责人和专家，在看到源网荷储一体化带来的零碳智能生产时，无不被眼前高度智能化的新型生产模式所吸引。

此时工厂刚接到一批海外客户的41.7万件智能电能表的订单，要求在15天之内交付。要知道，智能电能表生产工艺复杂，从入料到物流，需要经历34道工序，要按时交付，每个环节都不容耽搁，何况还要满足精准减排、力争零碳的要求。

正当观摩团好奇地准备发问时，正泰仪表公司总经理顾章平淡定地说："不用担心，就把这个难题交给数字孪生源网荷储一体化调度管理系统吧，它是园区控制碳排放的大脑。"

事实上，在接到订单的那一刻，源网荷储一体化管理系统就已经开始快速采集数据并进行运算，通过集成在智能电能表生产线上的碳足迹物联采集装置，可以实时系统汇报每道工序的能耗、每个产品的碳排放等数据。再结合智慧能源管理、可视配电网络、精细负荷管理、高效充电储能等一体化的智能算法逻辑，精准地匹配出哪几条生产线正处在良好状态，且单品能耗低，从而最终锁定产线的"生产资格"。

"就像在足球赛上,教练可以实时掌握比赛的数据和运动员的竞技状态,快速决定要派哪个人上场。"参观者恍然大悟。此时系统已经有了测评结果:数据显示,智能电能表生产车间的12条产线中,6号、7号、11号生产线能耗较低,系统匹配它们比其他产线多承担70%的生产任务。

有资格接单,不代表马上就要开工。园区布局了光伏、储能、冰蓄冷等多种能源系统,究竟是调用屋顶布设的1兆瓦光伏发电还是启动储能设备,此刻外部供电是"峰"还是"谷",甚至行政楼用电负荷是不是需要为生产让路等,都要被逐个计算。计算的数据采集自部署在园区里的1681个传感器设备,它们都搭载了正泰团队自主研发首创的HPLC(高速电力线载波技术)+蓝牙双模通信技术,是"源网荷储"近零碳架构实现的基础。

"听起来复杂,实际上整个过程用不了几秒。"顾章平说,智能电能表订单一边"跑系统",生成生产方案:12条生产线集中在8时到22时生产,以平时的1.5倍产能集中在15天内完工。另一边,节能评估也出炉了:光伏、谷电、储能释放交替进行,总能耗较不调整时降低0.85万千瓦时,减少碳排放8.47吨,相当于省下了整个园区0.6天的用能。

如今,一只智能电能表的碳排放是50.15千克(二氧化碳当量),相比传统生产能降碳8%。"这只是一张订单的降耗减碳,日积月累省下的都是利润,提升的是企业竞争力。"顾章平说。

不仅乐清周边新建园区已经与正泰量测园达成能源管理合作,远在内蒙古,正泰的合作伙伴也正在全套复制源网荷储一体化调度管理系统。把减碳和生产紧密结合起来，就能让低碳目标转化为新的生产力，也让产业同行看到了新质生产力助推产业绿色转型的新解法。

华为、中国信通院、罗兰贝格咨询公司联合发布的《工业数字化/智能化2030》报告预言，未来工业将呈现IMAGINE的趋势，即虚实融合（interactive between physical and virtual worlds）、大规模定制化（mass customization）、灵活适应变化（agility and adaptiveness）、可靠互信（guaranteed trust）、体面工作（ideal jobs）、自然友好（nature friendly）、生态共荣（ecosystem based）。

对南存辉来说，这一切已经不是想象，而是坚定的行动。刚刚成为工信部"数字领航"示范企业的正泰，正朝着全流程、全生命周期、全场景的数字化，以"产业大脑＋未来工厂"的新姿态华丽转身。

以工业之美，开启生活之美，创造世界之美，正泰的数智化未来充满着无限可能。

2004年，英国的两位科学家安德烈·盖姆和康斯坦丁·诺沃肖洛夫，以一种非常"土"的办法——胶带反复粘连、撕开，从石墨上剥离出了只有一个碳原子厚度的石墨层。这种单层结构的石墨层，具备超高强度、超强导电导热性、超大比表面积，还具有超强的韧性与透光性，可以广泛应用在电子信息、节能环保、

生物医药、纺织、化工、航空航天等前沿领域。

这就是后来为人们熟知的石墨烯，公认的"新材料之王"。凭借着这项发现，盖姆和诺沃肖洛夫获得了2010年的诺贝尔物理学奖。正泰也于这一年在A股上市。

成功在资本市场募资的南存辉，始终在思考资金的投资方向，给正泰注入创新的基因，让企业能持续焕发活力。当时资本市场给正泰的定位是"低压电器第一股"，其特点是市场规模大，产品质量好，品牌占有率高，有稳健的营收和利润，每年的增速也非常快。"就像一瓶很好的矿泉水，水很好，但是太透明了，想象力和未来感不够"，时任公司财务总监王国荣全程参与了正泰的上市过程，对资本市场有着深刻的理解。

立足产业找创新点，是正泰务实创新的传统。经过多次的论证，南存辉和团队最终决定将突破的方向瞄准新型材料。石墨烯多场景的应用，将具有重要的产业价值。2014年，正泰开始与中国科学院上海微系统与信息技术研究所合作，共建实验室，开展石墨烯的课题研究攻关。

在正泰的创新路径中，有两条清晰的脉络。其一是紧紧围绕着产业做创新，在产业中找到创新的场景，才有广阔的市场应用空间。其二是恰如其分地把握创新介入的时点。如果说从0到1是实验室成果，那么从1到3就是初步验证，之后正泰才会迅速开始进入从3到5的孵化阶段，此后的从5到10就是投入到产业中去实践、试错、打磨、再实践，最终成为可以规模量产的创新成果。

就在正泰开始技术攻关的过程中，一阵"石墨烯热"刮向了资本市场，眼球效应之下，不少上市公司纷纷宣称掌握了新技术的应用。一时间"点石成金"，市场上充斥着各种所谓高科技的"石墨烯"产品，与此相关的概念股也掀起了炒作的热潮。

这种群体性的"躁动"，南存辉不是第一次经历，几十年的创业积淀让他练就了"耐得住寂寞，经得住诱惑"的定力。除了正常的上市公司信息披露，正泰远离炒作，埋头搞产业。

"耐得住寂寞"的还有王国荣，他主动请缨来牵头石墨烯项目，南存辉同意了，笑着说给他的职务"加一横"，从CFO（首席财务官）变成了CEO。整个团队心无旁骛地进行钻研，让正泰在石墨烯的应用领域取得了实质性的突破，涵盖复合材料、工业重防腐涂料、耐磨镀层技术、先进锂离子电池等领域。

石墨烯和铜粉体的均匀、可控复合材料被研发出来，解决了世界级难题，通过CVD（化学气相沉积）技术制备石墨烯铜复合粉体，加工成型后得到高导电石墨烯铜基复合材料，导电率可达108%IACS，与金属银相当。

诺沃肖洛夫曾专程赴正泰调研，重点了解企业石墨烯的技术路径和商业价值，得知正泰已取得实质性技术突破并持续探索落地多场景应用后，他非常惊喜，评价为："impressive！"（令人印象深刻！）

2022年10月，正泰大尺寸常温高导石墨烯铜复合材料获得工信部高质量发展专项资金支持，项目总投资1.06亿元。石墨烯新材料创新中心也在温州乐清物联网传感产业园宣告成立，将重点培育常温高导超级铜粉、超级铜线、超级铜带材等产业化能力和复合线材等制备规模化、工业化能力，加速新材料的落地应用。

石墨烯复合材料触点可取代银触点，在低压电器领域配网应用；同时，全自主高导电石墨烯铜基复合材料已在节能变压器、超级充电枪、新能源汽车电机线圈、锂电池铜箔等领域推广应用。

如今，财务出身的王国荣也已经成为石墨烯新材料领域的行家，但他依然不改会"算账"的本色。他介绍说：根据《国家电网报》的报道，若采用导电率为108%IACS的石墨烯铜电缆替换全国630万公里的高压输电线路，年节电量相当于再造一个三峡电站。

不仅如此，正泰的石墨烯在耐磨和防腐技术方面也已达到世界先进、国内领先水平，可广泛应用于石油石化、能源、基建、工业设备、轨道交通、船舶等行业，将为我国工业防腐领域带来更加高效、环保、可持续的解决方案。正泰的全自主石墨烯先进镀覆技术使银镀层耐磨性提升超10倍，正泰也是国内首家将石墨烯应用于镀层领域，并实现产业化的企业。而正泰与国网智能电网研究院合作的项目使高压隔离开关的机械寿命由现有的1万次提升至2.8万次，获得中国腐蚀与防护学会的大奖。

当前，在颇受关注的半固态/固态先进锂电池领域，正泰凭借多年对石墨烯聚合物正极、电解液、固态电解质、固态电解质膜等电池关键材料的持续研发和创新，已建成100兆瓦时的试量产线。全固态电池产品已通过高电压下的穿刺、剪切试验，并荣获科技部"高能量密度全固态锂离子电池关键技术"专项支持。产品将主要应用于产业无人机等领域，为即将起飞的低空经济打开了无限的想象空间。

如果把企业的创新业务比作抛物线，在前一条抛物线还没有达到顶点之时，就得抛出下一条，如此才有持续的创新驱动力。

石墨烯的想象潜力巨大，正泰的创新布局不止于此。氢能被认为是 21 世纪最具前景的清洁能源之一，正泰围绕"双碳"战略目标，以"绿氢产业化＋绿色零碳场景"为基础，积极探索绿电绿氢全产业链一体化发展体系。

2022 年 12 月，正泰携手全球领先的氢能科技企业重塑集团，共同发布了包括绿氢制造装备及兆瓦级氢能发电系统、"镜星二十二"新一代大功率燃料电池系统、SIRIUS-E 大功率燃料电池电堆、M-Pack 系列碳化硅 DC/DC 变换器在内的四项关键技术成果。

在负责战略投资的正泰集团总裁助理程昱昊的组织推动下，双方合资的上海泰氢晨能源科技有限公司完成了 Pre-A 轮融资，在天津建设占地 80 亩的"风光氢储"产业基地，共同打造"风光发电—绿电制氢—储氢—运氢—加氢—绿氢发电"完整氢能生态。

在氢能赛道，正泰重点布局制氢与氢发电两大关键产业环节。通过自主研发与投资卡位，强化制氢产业链隔膜、电极等关键材料、零部件及制氢装备的产业发展，提升系统级产品和绿氢解决方案的核心竞争力。重点开发的千标方碱性电解槽、专为绿电制绿氢场景打造的兆瓦级制氢电源、兆瓦级分布式氢能电站均已陆续上市。

与此同时，正泰积极拓展氢能零碳应用场景，探索产业延伸。

在绿色交通领域，联合战略伙伴，通过打造制氢加氢一体站、氢能重卡、物流车等实现交通端深度脱碳；在氢电综合利用领域，开展风光氢储、热电联供等创新应用；在离网能源场景下，联合各地政府开展国际氢能海岛、绿氢港口加注等未来氢能能源布局的多场景探索；在绿色工业领域，正泰通过布局可再生能源制绿氢、绿醇、绿氨，助力化工、钢铁等传统能源实现脱碳转型，助力绿色能源转型与节能减排。

不论是"'石'破天惊"，还是"平步'氢'云"，一条条源源不断的抛物线，形成奔涌向前的抛物面。创业四十年的正泰，正青春。

2020年10月，一艘满载"正泰制造"智能断路器的货轮正在印度洋上向西航行，它此行的目的地是沙特阿拉伯。此时，新冠病毒正在全球肆虐，原本繁忙的双向航线，只剩下发货地是中国的航船还在孤勇前行，支撑起全球的供应链体系。总价超过1亿元人民币的30万只断路器将按时保质交付，全部更新到沙特阿拉伯西部的智能电网上，为沙特阿拉伯的"愿景2030"宏伟蓝图发光发热。

2023年6月30日，德国最大的n型TOPCon光伏电站——勃兰登堡Döllen电站在古姆托市落成，容量达154.4兆瓦的高效电池组件使用的就是正泰新能旗下 ASTRO N5 系列产品。俄乌冲突引发的地缘危机倒逼欧盟加速能源转型，推出了 REPowerEU（给欧洲再赋能）计划，目标是在 2027 年前实现欧盟的能源独立。太阳能光伏则是成败的关键。

2024 年初，川西高原海拔 4600 米的扎拉托桑山，白雪皑皑，银装素裹。由 90 多万块正泰新能电池组件构成的全球最大的百万千瓦级水光互补电站——柯拉光伏电站，每年可以发电 20 亿千瓦时，减少碳排放 160 万吨。尽管 2023 年全球可再生能源发电量超过 500 吉瓦，创下新纪录，但这一年仍是历史上有记录以来最热的年份。要实现《巴黎协定》所设立的到 21 世纪末将全球气温控制在比工业化前高出 1.5℃之内的目标，形势依然严峻。

新冠大流行、局部战争、全球变暖……"黑天鹅"与"灰犀牛"以猝不及防的姿势冲击着原有的世界政治经济格局。百年未有之大变局充满了前所未有的挑战，考验着企业家身处时代洪流的应对之道。南存辉依然平心静气，他常说："环境就和天气一样，有什么样的天气就做好什么样的准备，有什么样的环境就做好什么样的变化。下雨天出门要撑伞，下雪天出门要保暖。"他用最朴素的语言，表达着敏捷应变的心法。

在他心中，走过四十年的正泰，从未忘记出发时的谦虚，依然心存敬畏，依然胸怀梦想。前行路上，每一步都正气，每一跃都泰然，大浪淘沙，相信留下的一定是静水流深的华美篇章。

造钟　领象起舞

2011年10月5日，大洋彼岸传来一条令人惊愕的消息：苹果公司创始人史蒂夫·乔布斯因胰腺癌离世。这位硅谷传奇人物，创业时就立志"改变世界"，以惊人的想象力将个人电脑带进了图形时代，纵使一度被董事会驱逐出亲手创建的公司，十二年后依然上演"王者归来"，用横空出世的iPhone手机，宣告了移动互联时代的降临。

被尊称为"苹果教父"的乔布斯，留下的精神财富不仅是那句流传已久的"求知若饥，虚心若愚"（Stay hungry, stay foolish），还有通过发布会上令人目眩的现实扭曲力场，所展示出来的那种决不妥协的创新气质。

与之形成鲜明对比的是，苹果公司的继任CEO蒂姆·库克显然缺少这种光环。曾在IBM（国际商业机器公司）负责个人电脑供应链的他，在苹果期间依旧干着老本行。就算他将JIT（just in time，准时制生产方式）管理发挥到极致，一改苹果流程体系过往的随性与冗长，但在乔布斯"神"一般的阴影下，作为接任者的库克依然备受外界质疑。"乔布斯之后再无苹果"，似乎是全世界"果粉"的共识。

库克接班七年后的2018年8月，苹果公司市值站上1万亿美元关口，是库克刚接任时的3倍多，苹果公司也成为首家突破万亿美元市值的科技公司。此时，很多学者和媒体转头评论，乔布斯毕生杰作，不是苹果电脑，也不是苹果手机，而是整个苹果公司以及它的文化。就如同管理学家吉姆·柯林斯在其名著《基业长青》中谈到的，所有的人、产品、服务和伟大的构想，终究会过时，但一家高瞻远瞩的公司则不会，他强调"公司才是终极的创造"，这就是造钟与报时之间的差别。

2012年1月31日，一场关于"报时人和造钟人"的讨论也在正泰被南存辉点燃。这是春节过后的第一场管理层会议，主题是基础管理。

在通报了几起质量安全事故后，南存辉的神情异常严肃。他少有地板下脸，对在场的所有管理人员说：管理缺失，是这类事情发生的根本原因。公司要创造性地开展制度建设，作为管理者，要做"造钟人"，而不是"报时人"。

拥有一个伟大的构想，或身为高瞻远瞩的魅力型领袖，好比是"报时"；建立一家公司，使公司在任何一位领袖身后很久、经历许多次产品生命周期仍然欣欣向荣，好比是"造钟"。这是多年前南存辉读到《基业长青》时，印象最为深刻的一句话。为此，他特意让人订购了500本书，组织正泰集团经理级以上人员学习，并要求每个人都提交学习心得。他希望通过公司上下的研习，大家理解企业要"造钟"就是要建制度、定标准、走流程，让任何行动都有据可依。

早在2003年，南存辉和团队就开始思考用建制化的方式将管理体系固化。他们在考察了国内外一众优秀企业之后，决定正泰要引入ERP系统。当时，为了提升生产与质量等方面的管理水平，以及在信息化管理上与跨国公司的水平接轨，企业上

ERP的热潮方兴未艾。面对国内市场的蓬勃生机，众多ERP厂商各显其能。

作为全球ERP鼻祖的SAP，在中国市场启动了著名的"灯塔计划"，瞄准各个行业中的"领头羊"企业，打出"把优秀的产品卖给优秀的企业"的口号，一下子将上汽、海尔、联想、长虹、康佳等强势崛起的国产品牌的订单纳入囊中。

由于当时信息化还未完全普及，加上管理理念也未能迭代更新，致使许多企业在导入ERP系统时，不仅流程上需要优化，组织上也面临着重构，可谓挑战重重。就连柳传志都发出了"不上ERP等死，上ERP找死"的感叹，他咬着牙把SAP导入联想的躯体，后来在并购IBM个人电脑业务时发现，联想和IBM用的都是SAP系统，双方通过同一套"流程语言"，很快就彼此熟悉起来。

胜景之外，亦有荒芜。同一时期的国内一家领先家电企业，也曾举全集团之力导入ERP系统，轰轰烈烈，好不热闹。可几年之后，请咨询公司来做项目时才发现：零部件库存准确率只有60%，产成品准确率仅为25%，整个系统沦为打单据的工具。要采购什么、生产什么，仍然依靠人工到仓库清点。

正泰在那时也属于SAP"灯塔计划"的目标企业。面对高昂的费用，南存辉和团队没有太多犹豫，于2003年斥资5000万元开始打造"数字化正泰"。在6月14日举行的项目启动会上，SAP的实施方毕博公司负责人开场时并没有采用惯常的动员方式，倒是向参会的全体成员讲了一则生动的寓言故事。

在非洲，每个清晨，羚羊醒来时，它知道自己必须跑得比最快的猎豹更快，否则就会被吃掉。每个清晨，猎豹醒来时，它知道自己必须跑得比最慢的羚羊更快，否则就会挨饿。无论是羚羊还是猎豹，当太阳升起时，都必须开始奔跑！

逆水行舟，不进则退，对于有几十亿元营收规模的正泰而言，此时开始用SAP无异于在非洲草原上开启一场"伟大的冒险"。因为SAP不仅是一套管理工具软件，其本质是内嵌着西方管理思想的逻辑化方法论，可以说是百年欧美跨国公司的管理精华积淀。如果沿袭"中学为体，西学为用"的思想观念，那么这种"治标不治本"的方式，其结果只有两种可能：要么花大钱办小事，只发挥了其中十之一二的功效，造成冰山下看不见的沉没成本；要么产生肌体的"排异反应"，在先验主义的惯性下，将先进方法论视为异端，逐渐束之高阁，乃至打入冷宫。

所幸，南存辉和团队对于要面临的困难并非没有心理准备。他们深知生于草莽的正泰，对市场的敏锐体察和超强的执行力是其在市场上能摧城拔寨的制胜利器，但管理流程化和结果稳定性一直是不容回避的短板。这门课不补不行，只不过是选择未雨绸缪提前补，还是栽了跟头事后补的问题。

南存辉和团队选择了前者。原因也很简单，此时的正泰已经锚定了成为全球化企业的目标，其对标的就是国际电气巨头西门子，两者肉眼可见的差距，让他们觉得这笔学费交得心服口服，对公司上下说：我宁愿少投两个工厂，也要多投一点信息化。

为了能让这套系统既充分发挥其管理效用，又可以与企业实际相结合，正泰和专业公司一起，制定了"总体规划、分步实施、效益驱动、重点突破"的实施原则。同时决定先在正泰电器股份有限公司试点，然后再分三步走，向全集团推广。

第一步是全域信息规范性，第二步是业务信息协同性，第三步是资源管理集约性。在步步为营地完成了集团信息化的"关键一跃"后，正泰平稳地度过了系统导入后的"排异反应期"，开始以一套专注市场经营和成本管理的现代企业管理模式，推动业务的创新和组织的成长。

德国哲学家马克斯·韦伯在《新教伦理与资本主义精神》中提出了工具理性和价值理性的概念，前者是以结果为导向，强调效果的最大化，而后者则以目的为导向，强调动机的纯正和手段的正确。从这个维度而言，正泰集团导入 SAP 的过程，可以看作工具理性和价值理性结合运用的过程，本着立志成为全球化标杆企业的理想，通过拥抱先进的管理理念，打通信息互联的决策链路，用规范和标准为企业的长期发展导航。

这就是正泰"造钟"的开始。南存辉知道，要创建一家基业长青的企业，宏伟的构想、新奇的产品，甚至充满魅力的领袖都不是最重要的因素。对于企业家而言，企业本身才是其需要注入毕生心血进行的终极创造。而为企业打造伟大而持久的组织与管理体系，"一切过程尽在掌握"，将是"造钟人"恒久的使命。

正泰导入 SAP 期间所有的经历，正如一句德国谚语所概括的："过程即目的。"

钟表的意义不仅在于报时，更在于精准，就比如重大行动开始前的对表，要做到分秒不差。

有一次，南存辉在会上对参会的管理人员开展了一次"突然袭击"。他发给每人一张白纸和一支笔，要求在纸上画一个三角形，再画一个圆形，然后画一个正方形，最后画一个长方形，且不许讨论，各自完成。

所有拿到命题的人，都有点不知所措，难以下笔。彼此的眼神相遇，满是狐疑，又欲说还休。此时，会场上再次传来南存辉的声音："给大家3分钟时间，可不要交白卷。"大家只得纷纷埋头开始"创作"。

收齐之后，南存辉叫人把所有的"画作"都贴在墙上展示出来，让所有人上前来评判。结果，大家看到的是满墙五花八门的图形，有些是四个图形呈田字格排列的，有些则是四个图形连成一串，还有的将四个图形层层相叠，别说一模一样，就连相似的两幅都很难找到。

看到大家仍然一头雾水，南存辉说明了这次测试的用意。为什么大家画出来的都不一样？不是因为没有标准，而是每个人对标准的理解和掌握不一样，所以才会随心所欲，想怎么画就怎么画，只要按照要求画了，都无所谓对，也无所谓错。如果放到企业管理上，每个人也是这样，都按着自己的理解，画到哪儿是哪儿，那就不能形成一致性。同时，如果只是按部就班，被流程牵着走，而不去主动地发挥人本作用，那企业也会板结，不可避免地沦为平庸。一致性和主动性的结合，才是正泰要努力探索的方向。

南存辉通过一次群体参与的"实验"，建立了"人作为流程主人"的认知。他要求正泰的每一位员工都以"第一人称"参与到企业管理中，通过"全员工程"，以"一点一滴降成本，一分一毫增效益"为导向，扮演好每个流程决策点的角色。在SAP上线后的五年时间里，正泰在企业信息化管理方面日益完善，人与流程也逐渐融合，到2010年上市时更是串起了从供应链到经销商的端到端全流程，将精益生产和精细化管理融入了企业的日常。

钟表之所以走时精准，是因为各个部件分工明确，各展所长。就像时针、分针和秒针，秒针跑一圈，分针才走一格，时针则只有微微的移动。正是因为它们都清楚自身的特点，才能按照各自运行的频次和节奏，准确无误地将时间定格。"造钟人"南存辉自然明白其中的道理，他将管理流程视作一种更为先进的生产关系，而要检验其成色，则看是否能释放出比以往更加旺盛的生产力。

相对于智能电气、新能源那样的"时针"和"分针"产业，类似正泰能效这样的产业公司在集团内的体量小得多，行业环境的更迭需要它做出更加迅速的反应，它更像一家"秒针"企业。

正泰能效是正泰集团进军智慧综合能源的创新业务板块之一，在"双碳"背景以及正泰集团包容创新的氛围中，正泰能效积极投身节能减碳事业，倡导"全程能效"新模式，从投资、规划、建设、产品、运营各环节，打造以冷热为核心的解决方案能力，为公共建筑、综合园区提供更加低碳、高效、便捷的综合智慧能效服务。

目前，正泰能效已通过ISO三体系认证，获得5A级合同能源管理证书，同时也是浙江省《绿色建筑设计标准》参编单位，成为正泰智慧能源版图中不可或缺的产业拼图。

类似这样的"秒针"企业还有不少。南存辉深谙"管与放"的平衡之道，一直遵循"把握大方向，搞活小环境"的经营理念。在正泰成立三十周年提出的"一二三四五"战略思想中，"四"代表构建四大平台，首先就是要构建科技创新和产业孵化平台。针对所在行业板块的属性，创造性地发挥品牌、技术、市场、资金、管理、人才等方面的优势，通过打造高技术产业孵化平台，让更多的"秒针"企业既能够快速灵活地朝着专精深的方向自我进化，又能够与正泰集团的整体战略目标同频共振。

刻意人生、随意人生、禅意人生，是南存辉经常提到的"人生三境界"。通过不断习得而精进的南存辉，也在企业经营中渐悟了其中的奥义。

最初正泰要导入先进的管理体系来规范流程，不仅是为了完善企业经营的制度建设，而且是要让正泰的管理团队和全体员工在思维与行为上接受并遵循，以数字化流程作为规范和约束，把企业治理提升到优秀企业的水平。这个过程，如同任正非所说的"削足适履"，"先僵化，后优化，再固化"，免不了依葫芦画瓢，少不了亦步亦趋。南存辉认为，只有一板一眼先练好基本功，才有机会向"量体裁衣"过渡。这个阶段，就是企业的"刻意人生"。

刻意并非刻板，它是精雕细刻和极致追求。如同切割时间的维度，体现为钟表上精确的刻度。刻度也是规则。有刻度，有规则，就可以去丈量一切。

对"造钟人"来说，刻意，也是将转瞬变成永恒。

2016年，在经历了互联网、大数据、物联网与制造业深度融合等几轮洗礼后，正泰制定了"一云两网"的战略规划，并于2019年在首届国际工业与能源互联网创新发展大会上正式对外发布。南存辉希望将正泰从资源驱动的制造型企业，打造成数字驱动的"智慧能源解决方案提供商"。

这背后的"造钟"逻辑，源自南存辉基于三个方面的洞察，核心归为新时期的数字化挑战。

其一，正泰集团经过近四十年的发展，一直"围绕着电做生意"，形成了极具纵深的全产业链优势。与此同时，正泰的业务也越来越复杂，随着在产业链上生长出来的业务单元不断增加，越来越呈现不同业态、多重形态的趋势：既有低压电器，又有高压输变电；既有光伏组件制造，又有光伏电站运营；既要服务大型的国央企客户，也要服务户用光伏的个体用户；既包含电气硬件的采购，也包含自动化服务的规划。有些业务在产业中属于上下游关系，有些业务对客户来说是一揽子组合，如何有效地让散落的业务单元形成有机的集团作战群，成为正泰迈上新台阶必须面对的新课题。

其二，由于新冠疫情和地缘政治冲突，全球越来越多的区域都在追求供应链的在岸化、近岸化、友岸化，而正泰过去几十年在中国的工业化、城市化、信息化浪潮中已经构建起了强大的产业能力，到了外溢和输出的时候。正泰国际已经连续多年保持两位数的增长势头，进入快速攀升期。"出海"是正泰发展的重大机遇，但要在全球各个市场与雄霸行业多年的跨国公司开展直接竞争，还面临着文化融合度、品牌号召力、管理精细化方面的差距。全球布局，本地经营，所需要的人才以及资源配套不再仅是正泰国际的问题，而是整个正泰集团全球化所要回答的新命题。

其三，自正泰 2010 年完成 A 股上市，已经过去十余年，集团也从营收一两百亿元的中大规模企业成长为有上千亿元营收的特大型龙头企业，2023 年集团整体营收达 1550 亿元。随着业绩的快速发展和规模的持续扩大，顶层战略规划、组织变革、流程再造、现代管理成为正泰向卓越企业跃迁的新课题。

当南存辉和团队准备全力以赴，率领全集团进行数字化转型时，突如其来的新冠疫情打乱了原本的计划。在疫情的阴影笼罩下，他不得不拿出全部精力，带领全体正泰人抗击疫情，复工复产，稳住业绩。

众志成城之下，正泰不仅在 2020 年稳住了阵脚，还逆风扬帆，在 2021 年取得集团营收超千亿元的佳绩。

当大家沉浸在突破历史的喜悦中时，南存辉却愈发担忧起来。他知道，业绩快速增长，可以把公司变得很大，也可以把问题变得更大。

数字化变革，刻不容缓。正泰请来了 IBM 咨询公司的专家团队，从 2022 年初开始启动数字化转型的"经纬工程"。领衔 IBM 团队的几位专家具有二十多年的从业经验，曾经服务过华为、美的、TCL 等大型集团的转型项目，称得上是身经百战。不过，接手正泰的项目后，他们觉得挑战巨大：1998 年华为找 IBM 服务时年营收为 89 亿元，正泰 2021 年的营收超千亿元，此时转型，如同要教会大象跳舞。

《谁说大象不能跳舞？》是 IBM 的传奇 CEO 郭士纳在 20 世纪 90 年代拯救了濒临破产的 IBM 之后，所写的一本关于商业变革与经营哲学的自传，一时间被商界奉为圭臬。当时 IBM 董事会从外部请来郭士纳，是让他牵头分拆和变卖 IBM 资产的，但他看到了把 IBM 集中在一起的价值，并从数百项业务报表中发现了规模尚小但是复合增长率达到 48% 的服务部门。独具慧眼的他成就了后来享誉全球的 IBM 咨询业务，也带领"蓝色巨人"转型成功，续写百年辉煌。

就像人不能两次踏入同一条河流，转型与变革的成功也无法复制。不过在南存辉眼里，一切在于时，更在于势。

正泰集团首席信息官王戎认为，数字化转型要见成效，企业架构必须遵循顶层战略，从上至下实现对业务架构、数字架构、应用架构和技术架构的贯穿和落地。所以数字化转型，从"道"的层面来说就是企业战略，必然是"一把手工程"，在"器"的层面才是路径和策略选择。如果一味地迷信数字技术带来的"神奇力量"，那数字化转型必然会降格为技术改造，与预期效果相去甚远。

南存辉也意识到"置顶"的重要性，由他发起变革的"经纬工程"中，经线用来"规范"垂直的业务线，纬线用来"升级"横向的管理要素，通过经纬交织的方式，让原本散落在各业务部门的流程模块"交织"成以业务结果为导向的流程再造。

意识到集团公司作为管理中枢，需要具备赋能能力的重要性后，南存辉在坚持"产业化、科技化、国际化"的基础上，特意为此次转型增加了两个关键词："数字化"和"平台化"。其背后的含义就是确定集团要用"聚变"方式做强平台化能力和品牌影响力，各产业板块用"裂变"方式做专产业、做精产品、做优服务的发展模式。在"聚"和"裂"的相互作用下，既通过集约模式增强集团的管理幅宽，又为赋能子业务板块打开想象空间。

一把手挂帅的数字化转型不一定成功，没有一把手挂帅的数字化转型一定不会成功。南存辉知道，要让共同创业多年，已经形成高度默契的高管团队理解并支持管理变革并不难，难的是要让"一个正泰、一个体系、一个标准"真正落实到具体工作中，甚至要优先于业务指标的达成。这让一向务实的正泰管理团队有些难以适应。

在一次项目最高级别的会议上,IBM专家详细罗列了"经纬工程"在流程再造中发现的问题,并针对性地提出了改进举措和推进时间表,对应板块的各负责人则要当场领下"责任状"。此时恰好赶上季末的关键时间点,大家都铆足了劲冲刺业绩,面对额外的工作负担,大家嘴上答应,但态度上多少有些应付。

南存辉看出了端倪,他语重心长地对在场高管说:"这个要求不是IBM的老师提的,也不是董事长提的,是市场提的。四十年前正泰创立的时候,温州流行一句话:不找市长找市场。正是因为尊重市场、敬畏市场,正泰才能走到今天。如果没有市场指路,我们很可能就会迷路。"

听了这话的所有人顿时被点醒,恍然大悟。此后的状况超出IBM专家的意料,项目办公室的电话成了咨询热线,门口也排起了队,各产业公司、职能部门纷纷主动了解问题缘由,积极提交转型的可行性方案。

在上下同欲的数字化转型努力下,一个全新的正泰形象逐渐明朗起来。在产业结构上,正泰纵向整合、横向联合,形成了绿色能源产业集群、智能电气产业集群和智慧低碳产业三大板块,以及正泰国际和科创孵化两大平台,"3+2"的产业格局峥嵘初现。

为支撑"3+2"的产业构想,正泰计划打造集成研发、全球客户伙伴资源、集成供应链、物流等四大平台,构建战略、流程、组织与人力、财经、数据、IT等六大支撑能力,通过建立以高效流程与精准数据为基础的管理体系，深度挖掘数据价值，运用数字化管理工具提升整体的经营能力，为产业协同作战提供全面、及时、精准、高效的平台支撑和资源保障。

作为"造钟人"的南存辉深知，要让这张宏大的蓝图成为现实，最关键的还是自身要具备将战略落地的经营管理能力。在南存辉与核心管理团队和IBM咨询顾问的反复推演及共同努力下，由智能电气和新能源产业集群化能力、全球区域本土化能力、中后台集成化能力、科创培育生态化能力所构成的"211X"经营管理能力跃然纸上。

中后台集成化能力和全球区域本土化能力，分别承担着科技驱动和Be Glocal（全球化）的重任，将作为底座，赋能智能电气和新能源两大产业集群。此外，生态化的科创培育将环绕在两个主产业周围，在参与产业协同的同时，也以更加专业和灵巧的身姿，寻求有可能诞生隐形冠军的市场契机。

如果将"211X"的蓝图与南存辉"造钟"的图纸比对，或许能更清晰地读懂正泰的未来：智能电气产业集群代表时针，虽然指针短，但粗壮有力，虽然走得慢，但扎实稳健，是正泰事业的基石；新能源产业集群就像分针，因为受政策影响和技术的迭代，步伐要比智能电气快得多，是正泰事业的生力军；科创孵化培育出的众多企业如同秒针，敏捷而轻巧，纤细的身形擅长精专，就是要走"一英寸宽，一英里深"的道路；全球区域本土化好比钟表的面，时间刻度就如同世界时区，时针、分针、秒针所代表的产业都能在全球市场上驰骋；最后的中后台集成无疑就是由表冠联动的机芯，精密的齿轮、伸缩的发条、永动的摆陀，恰是正泰新质生产力的动能所在。

2024年，是正泰的不惑之年。创业四十余年的南存辉，从温州乐清柳市街头那个不起眼的小修鞋匠，成为全球化企业的"造钟人"，他拥抱了这个时代，见证了这个时代，也在这个时代成了最好的自己。展望未来，他和团队坚定地相信，用不了多久，正泰就会完成数字化转型，轻盈起舞，一舞惊人。而下一个四十年，正泰将会谱写出前所未有的新篇章，让中国的正泰变成世界的正泰，让中国的创造成为世界的创造。

秦朔对话南存辉

秦朔：正泰整体的经营给人的感觉是很稳健，既能保持发展，又能非常好地控制风险，除了"经得起诱惑，耐得住寂寞"，还有什么经营秘诀吗？

南存辉：其实我们也是交过学费的，特别是在新能源方面。不过我们不断反思总结，把正泰的经营总结成"六条线"：一条主线，两条底线，三条生命线。

一条主线就是投入产出比，考核我们的经营效益。两条底线是现金流和负债率。三条生命线是产品质量、安全生产经营和合规。虽然我们做的产业有所不同，但是这六条线都是适用的。

做新能源投入很大，占用资金很多，那就要守住现金流和负债率的底线。所以我们后来探索了轻资产的模式。做电气制造，每天的生产流水线上都有上亿数量的原材料运进来，成百上千万的制成品生产出来，管控住质量相当重要，而且是要在安全和合规的前提下。守住这三条线，就是守住企业的生命线。

秦朔：从中国2001年"入世"，享受全球化的红利，到现在又处在一个很多人说是"逆全球化"的阶段，您是怎么看待这样的变化，又是怎么做出调整的？

南存辉：最近我经常和大家说要树立信心，不要因为要过冬了就很难受，冬天也有它的乐趣。在我看来，海外市场的新挑战也是一轮新的投资机会的开始，就看你有没有能力抓住。与其被动等待产业链的外移，不如去主动抢滩，参与到全球供应链的再造中。对于具备国际化经营管理能力的企业来说，这或许是一次新的发展机遇。

在诸多不确定中，最为确定的是绿色化、数字化、智能化。把握住趋势方向，我们就知道怎么去布局。正泰前端把高中低压一体化，后端把中后台的能力整合起来，在全球市场推动区域的本土化，力求对全球不同市场、不同产业、不同标准、不同的产品需求都能快速响应。

我们正在进行数字正泰的"经纬工程"，高中低压一体化、中后台能力建设、全球区域本土化是三位一体的战略。

秦朔：最近中国企业出海非常火热，正泰在国际化经营方面起步也很早，在这方面有什么样的尝试和经验？您对未来有何展望？

南存辉： 正泰一直积极参与全球范围的产业分工和资源配置，提升核心竞争力。现在我们的业务遍及全球140多个国家和地区，与80%以上的"一带一路"沿线国家建立了不同程度的合作关系，设立了北美、欧洲、亚太、北非等地的全球研发中心以及6大国际营销区域，东南亚、非洲都有我们的智能工厂。

我自己最深的体会是，我们改革开放几十年，具备了非常强大和完备的制造能力，现在很多新兴经济体都在加快工业化、城市化进程，它们需要中国的产业能力走出去，赋能于它们的建设和发展。不是简单地出口产品，而是把怎么做产业的能力带给它们。因此，我们也要从产品走出去迈向服务走出去、工厂走出去，逐步实现研发、生产、销售、物流和服务的区域本土化，这样才能扎根，对客户需求做出最快的应答。

在沙特阿拉伯，我们和当地的合作伙伴一起建设工厂。我们给到对方数百页的合同，都是标准的文档，里面包含对土壤的保护、对施工的要求等等，非常规范，非常详细，要按照这个标准建设才是符合可持续发展要求的。对方看到之后就非常服气，因为他们感觉这是国际大公司的做法，他们佩服真正有能力的强者。

在前文提到的正泰打造中台能力，具体会体现在全球区域本土化实施过程中，包括工程建设、制造管理与物流配套等的投放能力。

在这个"走出去、走进去、走上去"的过程中，我们自身的全球创新能力和经营管理水平也能得到提升，在全球市场打造中国智造、中国创造、中国新质生产力服务的新名片。

秦朔： 近几年整个大环境都在发生剧烈的变化，我们也经常听到企业家群体说要经营好企业越来越困难，社会上弥漫着一种气氛，争取"活下去"，又抱怨太内卷。您怎么看待企业家目前所遇到的困难？

南存辉： 难的时候怎么办？这个时候最需要做的是量入为出，减少开支，"活下来"就是胜利。既要保持平常心，也要认清自己肩上的责任，在学习、思考中寻找发展机会。要相信阳光总在风雨后，要相信难走的路都是上坡路，要相信相信的力量。

秦朔： 您在面对前沿的战略性新兴产业时，是怎么做到"春江水暖鸭先知"，又是怎么去筛选和孵化产业的？

南存辉： 我们的政府其实在吸纳全球先进的知识、先进的理念、先进的文化，集大成之后再告诉我们一个大方向。所以我们说听中央的，因为大方向不会错。

另外就是要看欧美的，欧美国家在不少方面的从0到1的创造力还是非常领先的，千万别小看它们。所以总书记讲，中国开放的大门不会关闭，只会越开越大。[1] 我们一定要开放，要多去看。

---

[1] 习近平，《决胜全面建成小康社会 夺取新时代中国特色社会主义伟大胜利——在中国共产党第十九次全国代表大会上的报告》，《人民日报》，2017年10月28日。

最后，看了以后要分析，别人做的在产业上跟你有没有关系，是不是对你有用。想清楚之后大胆而稳健地走自己的创新路。要真正实现创新，不仅要有前瞻性、有眼光，对未来和机遇能想清楚、看明白，还要靠市场竞争机制。只有赛马，才能知道哪一匹马更好，才能选出千里马来。

秦朔：中台建设一直是这些年受人关注的话题，从一开始大家都忙着建设中台，到近两年又开始反思，以及一些互联网企业开始拆中台。我的理解是，中台的核心是一个强大的、高效的支持平台，为提高产品的一致性、可靠性、稳定性，并且降低交易成本提供支持和赋能，同时还要兼顾敏捷和灵活性。在这点上，正泰的中台建设是如何做到两者平衡的？

南存辉：制造业的中台和互联网企业的中台还是有差别的，制造业里各细分行业的中台也不相同。上面是大集团、下面是分支公司的结构里，哪些需要中台管，哪些不需要中台管，确实要有清晰明确的授权。但有一点可以肯定，制造业的中台建设是趋势，运用得好，就会发挥非常巨大的作用。

如果既要有很强的整合能力，又要能实现快速响应，需要中台有标准化、模块化、流程化的能力，同时还要与前端市场结合起来。我们现在设置了统一的研发中心，我告诉他们，中台不仅是"兵营"，还得有点战场上的"硝烟味"，得考虑市场需要什么，而不是只顾着搞自己的系统，一定要考虑如何更好地支持产业发展，在产业上落地。就像造武器一样，最先进的武器制造出来，得看能不能用在战场上，能不能取得战果。最根本的是结果导向，让中台和前台的目标一致，这是我们在实践中最重要的体会。

秦朔：2024年1月达沃斯论坛期间，OpenAI创始人奥特曼表示，"未来的两种重要货币是智能计算和能源"，但我们仍没有充分意识到人工智能技术对能源的需求。有人甚至说，人工智能的尽头是能源。对于这样的预测，您有什么样的看法？

南存辉：我们也在关注人工智能发展对绿色能源的迫切需要。我看到马斯克说，人工智能会碰到一些限制，比如电力的短缺。英伟达公司也提出，人工智能的发展需要考虑能源效率和可持续性，可以利用全球各地的多余能源训练它。我们国家在"双碳"目标的背景下，也提出了绿色电力与智能算力"两力一体化"发展的新概念，强调以绿色能源驱动算力产业的发展。我认为，新的工业革命既是智能化的，又是绿色化的。

从现实看，科技在加速进步，物联网、云计算、大数据、大模型对算力的要求越来越高，相应地肯定需要更多更充沛的能源，尤其是可再生能源。对于正泰来说，我们的品牌主张就是"让电尽其所能"，这里有两层意思。

第一层意思是让电能够满足人类社会生存、生产、进步的需要，正泰通过发展太阳能、氢能，创造更清洁、更便宜的绿能，去替代传统能源和填补传统能源的缺口，同时还能降低碳排放。

第二层意思是要让电的使用更经济、更智慧、不浪费,降低电在使用方面的无谓消耗。这方面,正泰提供了源网荷储一体化解决方案,通过智能模型,已经在发挥效用,未来会有更多场景的应用和落地。

我希望在未来,正泰通过"一云两网"构建的战略框架,既能提供具有硬实力的新型电力方案,也能提供具有软实力的能源算力方案,力争成为"两力一体化"综合解决方案的提供者和服务商。

秦朔:我们看到正泰在产业链上的投资和布局有一个特点,就是非常有耐心,不仅敢于长期投入,而且在产业上都能落地,这背后有什么样的逻辑思考?

南存辉:正泰曾经总结了四个主义——长期主义、专业主义、共创主义、共享主义。新技术的研究要取得突破是很难的,需要长期坚持,就像烧开水一样,要一直到烧开为止。

创新需要耐心,新技术突破以后,配套的工艺、装备、体系需要一个逐步积累完善的过程,需要坚持,反复打磨。就像《卖油翁》里讲的,倒油的时候可以穿过一个铜板的孔,靠什么?惟手熟尔。

秦朔:正泰发展过程中一直很注重企业文化建设,您也说企业文化就像磁场,看不见摸不着,却实实在在地发挥作用,这种磁场怎么形成的?在文化公益建设方面,正泰似乎有一种自觉的追求，这又是怎么形成的？

南存辉：一开始做企业的时候，我也不理解企业文化是什么，总觉得我们是卖产品的，又不是搞文化的。在战略选择的十字路口，大家认识不一致的时候，企业文化的作用就显现出来了。正泰的价值理念是务实创新，是基于共同遵循规则的制度文化，在追求共同目标的过程中，通过点点滴滴的长期积累，形成的行为习惯和群体气质。

在公益方面，"为社会创造价值"已融入企业经营管理的方方面面。正泰始终坚持"价值分享"理念。2009年，我们注资9000万元发起成立正泰公益基金会，主要聚焦环境保护、行业创新、捐资助学、乡村振兴以及抗灾救灾等公益事业。我们捐赠设立"电工行业—正泰科技奖""电工标准—正泰创新奖"等奖项，助力行业创新发展。近年来，我们还探索了公益与产业结合的新模式，设立"一业一基金"，通过集团各个产业公司，联动上下游产业链的供应商、经销商、代理商和合作伙伴等更多力量参与公益、回馈社会。

同时，正泰通过积极践行ESG（环境、社会和公司治理）理念，不断强化品牌价值与全球认同。作为绿色低碳发展的探索者、倡导者、实践者，正泰将ESG理念融入企业发展战略，将自身的可持续发展与国家"双碳"目标、全球的可持续发展紧密结合。从"绿色供应链管理"到"绿色工厂"，从"碳足迹认证"到"零碳工厂"，我们将绿色低碳贯穿到生产管理全流程。2021年，正泰正式加入联合国全球契约组织（UNGC），并入选

UNGC"实现可持续发展目标 2021 企业最佳实践"的"全球伙伴关系""'一带一路'沿线国家可持续发展"两个类别。

秦朔：近些年看到正泰一直在变化，包括组织的变化，背后的逻辑是什么？内部团队又是怎么看待变化的？

南存辉：一切变化的根本原因都在于满足或者适应生产力发展的要求。企业大了，人多了，市场变化了，组织当然要调整，这是市场发展的需要，是提升竞争力的需要。所以，该变的时候就要去变，不需要变的时候也别折腾。治大国如烹小鲜，尾大不掉不行，不断翻烧饼也不行。

我们在正泰内部讲，唯一不变的就是变，大家对于变革已经比较接受了。在推出变革举措时，往往不用做太多宣传，大家对为什么要变就能理解个七七八八。

秦朔：除了正泰董事长的身份，您还有全国政协常委、中国民间商会副会长、浙江省工商联主席、浙商总会会长等重要的社会职务，您是怎么分配精力，又是如何平衡不同身份之间的关系的呢？

南存辉："舍得"两字体现中华文化的博大精深。承担一些社会工作，确实会占用经营企业的时间，但也会有很多难得的收获。

在改革开放之初，温州还是比较偏僻的，请不到人才，距离政策中心也比较远。我们发现，如果能更早一点把握政策的方向，对企业发展的帮助非常大。

这时候政府如果对你熟悉，知根知底，觉得你靠谱，很多机会就会找到你。加上我们讲诚信，就算遇到困难或者挑战，各级部门对我们也是比较放心的。

之后，无论是在工商联，还是人大、政协，我能和许多专家学者交往学习，受益匪浅。所以正泰一路成长，离不开方方面面的支持和帮助。

但我们自己始终清醒，打铁还需自身硬。首先，也是最重要的，把自己的事情做起来，并且要做好。

企业是排在前面的1，其他是排在后面的0，如果不能把本职工作做好，其他东西都是空谈。

秦朔：您在四十岁的时候请南老点化"四十不惑"，现在正泰也处于不惑之年，对于"四十不惑"又有些什么样的感受？

南存辉： 当时去请教南怀瑾老师何谓"四十不惑"，他反问我怎么理解。我答，人生到四十岁左右的时候，事业应该有所成就，也有了一定的阅历，一般来说应该是不会被迷惑的。但我理解，到这个年龄，不是不会被迷惑，而是不要被迷惑。南老当时说，答比问好。

正泰今年创业四十年。正泰的不惑，就是按照高质量发展要求，继续深耕先进制造业，发展新质生产力，打造"211X"经营管理能力。用"聚变"做强、做大平台化能力和品牌影响力，用"裂变"做专、做精、做优产业、产品和服务。

秦朔： 在正泰所有的业务指标当中，有哪些是您觉得比较放心的，又有哪些是您希望能在将来持续提升的？

南存辉： 生产、制造、经营、供应链、创新，通过四十年的积累，特别是近五六年的学习提升，我们建立了比较完善的制度、流程和规则，可以说基本上找到了正确的方法。还有就是公司的价值观和文化，使我们始终不迷茫，有定力，找到了可持续发展的途径。这些是比较令人放心的。

现在最担心的，是传承。但太担心也没用。能做的就是建立规则和制度，以及文化保障，确保将来谁来管理都能管好。最终还是人的问题，不是把希望寄托在一个接班人身上，而是寄托在团队的文化上，如何能将拼搏、务实、创新的文化传承下去，文化究竟能传承多久，这方面我会思考得比较多一点。

秦朔： 今天在谈企业家精神的时候，很多学者会提到企业家天然就带有一定的冒险精神，这样才能创新，同时在实际经营中又要规范，二者的平衡也是个大学问。您对企业家精神有什么样的理解？

南存辉： 企业家在某种程度上就是敢于冒险的人，冒险就是企业家的精神，适度的冒险也是在创新，是在探索未知。当然，希望这种冒险要建立在理性的分析和科学的判断上，而不是拍脑袋，否则就会变成赌一把。

企业家精神的本质还是要有使命和担当，有创新和艰苦奋斗的精神。如果冒险是为了贪大求快，去争第一，那也与企业家精神是相违背的。在成功之后，不要张扬狂妄。对于如何为人处世，中国优秀的传统文化都有讲，只是不同时代有不同的要求，但万变不离其宗。

▲ 创业初期的乐清县求精开关厂（正泰集团前身）一角

▼ 建于2001年初的正泰电器高科技产业园

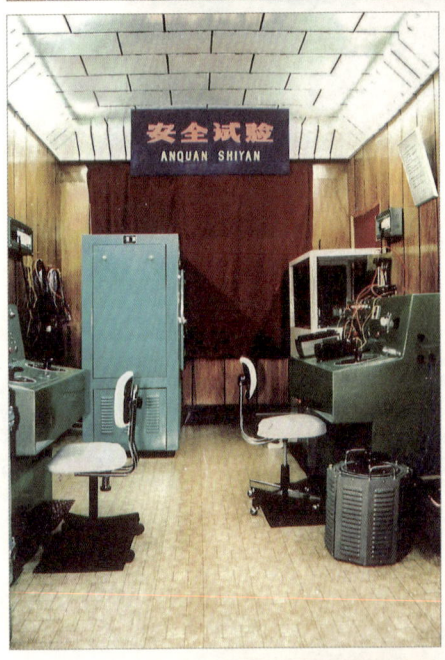

▲ 求精开关厂流水线。在当时浮躁弥漫的环境下，企业坚守质量和信誉

◀ 1987年，求精开关厂借款建立全国民营企业中第一个热继电器试验室

▼ 1988年1月20日，求精开关厂成功领取国家机械工业委员会首批颁发的"全国工业产品生产许可证"

▲ 1993年，正泰大厦落成暨挂牌庆典上，公司顺势提出"重塑温州电器新形象"

▼ 1994年，温州正泰集团获批后召开成立大会，自此走上规模化经营之路

▲ 1997年7月，正泰集团发展战略研讨会在雁荡山召开，启动股份制改革

▼ 1997年12月，"正泰之路"与股份制改革汇报研讨会在北京举行

▲ 2002年，正泰集团第四届科技大会召开。自1996年首届科技大会出台《关于加速技术进步的若干规定》以来，正泰始终坚持"存钱不如存技术"

▼ 早在2003年，正泰便斥资5000万元导入SAP系统，打造企业核心信息系统

▲ 2002年，正泰领取行业第一张"中国强制性产品认证"（CCC）证书

▼ 2004年，正泰摘取了当时我国质量领域的最高荣誉"全国质量管理奖"，成为第一家获此奖项的民营企业

▲ 2003年7月，正泰积极响应浙江省委、省政府号召，举行"接轨长三角，打造国际性电气制造基地"动员大会暨项目签约仪式，南存辉在会上宣读时任浙江省委书记习近平发来的贺信

▼ 2004年10月1日，正泰松江工业园打下第一根桩，企业融入长三角迈出关键一步

▲ 2010年1月21日，正泰电器于上海证券交易所挂牌上市，成为A股首家以低压电器为主营业务的企业

▼ 2009年6月20日，正泰第一个大型地面电站——宁夏石嘴山光伏电站开工

▲ 正泰库布齐沙漠 310 兆瓦沙光互补光伏电站入选联合国工业发展组织发起的"清洁技术和可持续土壤治理创新解决方案全球呼吁"中的"可持续土壤治理"案例

▼ 正泰江山 200 兆瓦林农光互补地面电站入选"伟大的变革——庆祝改革开放 40 周年大型展览"

▲ 当时亚洲最大的渔光互补电站——温州正泰泰瀚 550 兆瓦渔光互补电站并网发电

▼ 由正泰建设的杭州火车东站屋顶光伏电站成为当时亚洲最大的单体建筑光伏发电项目

▲ 2016年,正泰安能投建衢州市龙游县芝溪家园"光伏富民工程"项目,该项目在哈萨克斯坦阿斯塔纳世博会上,作为新能源开发利用示范案例向世界分享。

▼ 正泰参与投建的埃及本班光伏电站被印在当地硬币上,该事件成为党的二十大献礼剧《我们这十年》中"沙漠之光"单元的故事原型。

▲ 2017年，正泰进驻非洲的首家区域工厂在开罗开业，为全球区域本土化发展奠定重要基础

▼ 2019年，希腊经销商费斯先生赠予南存辉一艘银制帆船模型

▲ 2022年，正泰新加坡亚太区总部成立，助力实现更智能、更绿色的亚太未来

▼ 2023年，正泰第十届国际营销大会召开，会上发布《正泰电器碳中和白皮书》并启动零碳宣言

▲ 正泰中自科技园

正泰量测科技园

正泰物联网传感产业园

正泰在杭州、上海、温州、西安等多地构建科创孵化园区，持续培育科创动能，助力打造创新策源地

▼ 正泰智电港

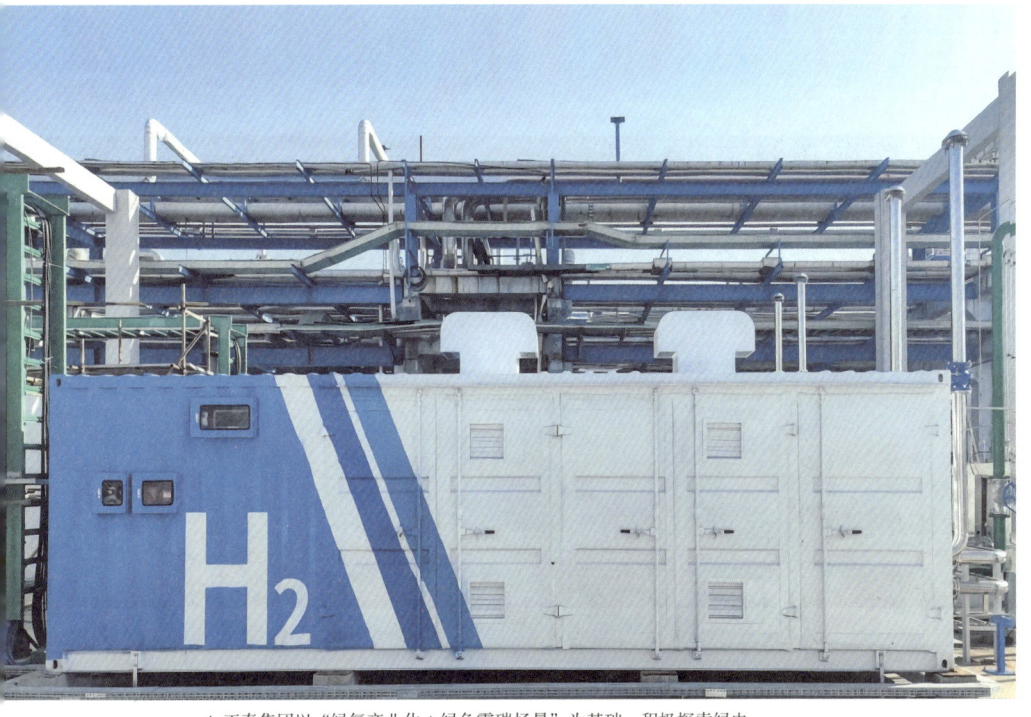

▲ 正泰集团以"绿氢产业化+绿色零碳场景"为基础，积极探索绿电绿氢全产业链一体化发展体系

▼ 2022年，正泰石墨烯新材料创新中心启幕。目前正泰已在石墨烯复合材料、工业重防腐涂料、耐磨镀层技术、先进锂离子电池等领域取得突破

▲ 2016年，正泰制定"一云两网"战略规划，并于2019年正式发布"正泰云"

▼ 2021年，第二届国际工业与能源互联网创新发展大会召开，正泰发布数智化、碳中和解决方案

▶ 正泰打造未来工厂示范项目，低压电器智能制造工厂获评国家级"2021年度智能制造试点示范工厂"

▶ 正泰"双百万"工厂投用，标志着正泰电气在高端化、数字化转型上迈出重要一步

▶ 正泰打造全球首家光伏"互联网+透明工厂"，成为行业内率先实现n型TOPCon光伏组件量产的企业之一

▲ 1998年，正泰集团党委正式成立，系温州首个非公有制企业党委

▼ 2015年，由正泰等发起的温州民商银行、"浙民投"陆续成立，在促进产融结合上迈出新步伐

▲ 2009 年，正泰出资 9000 万元注册成立正泰公益基金会。这是浙江省第一家以"公益"命名的非公募基金会

▼ 2022 年，正泰在柬埔寨洞里萨湖南端的孤岛上捐赠并安装离网光伏系统，为当地村民解决无电难题，持续在全球探索 ESG 可持续发展新路径

▲ 2023 年，杭州第 19 届亚运会火炬在温州传递，南存辉作为"浙商第一棒"传递"薪火"

▼ 南存辉在 2002 "CCTV 中国经济年度人物"颁奖现场表示："我憧憬，不久的将来，在世界电气之林，有一个响亮的品牌来自中国，她的名字叫'正泰'。"